东西部协作背景下
职业教育管理与教学研究

高翔 著

延吉·延边大学出版社

图书在版编目（CIP）数据

东西部协作背景下职业教育管理与教学研究 / 高翔著. -- 延吉：延边大学出版社，2024.9. -- ISBN 978-7-230-07269-4

Ⅰ.G719.2

中国国家版本馆 CIP 数据核字第 2024H4W677 号

东西部协作背景下职业教育管理与教学研究

著　　者：高　翔	
责任编辑：王宝峰	
封面设计：文合文化	
出版发行：延边大学出版社	
地　　址：吉林省延吉市公园路977号	邮　编：133002
网　　址：http://www.ydcbs.com	E-mail：ydcbs@ydcbs.com
电　　话：0433-2732435	传　真：0433-2732434
印　　刷：长春市华远印务有限公司	
开　　本：787毫米×1092毫米　1/16	
印　　张：10.5	
字　　数：190千字	
版　　次：2024年9月第1版	
印　　次：2025年1月第1次印刷	
书　　号：ISBN 978-7-230-07269-4	
定　　价：65.00元	

前 言

在当今全球化与信息化交织的时代背景下,职业教育作为国家教育体系的重要组成部分,承载着培养高素质技能型人才、服务经济社会发展的重要使命。随着我国东西部协作战略的深入推进,职业教育领域的合作与协同发展日益成为促进区域均衡发展、缩小东西部差距的关键一环。本书旨在通过深入剖析与实证研究,探索符合中国国情的职业教育发展路径,为推动职业教育现代化进程贡献力量。

本书开篇系统性地探讨了东西部职业教育协作的必然要求、存在的问题以及实现路径,旨在为政策制定者、教育管理者、一线教师及研究学者提供理论依据与实践指南。在东西部职业教育帮扶的必然要求下,本书既关注了其存在的问题,又总结了其协作策略,力求在理论与实践的双重维度上,为优化资源配置、提升教学质量、促进教育公平提供科学支撑。

职业教育作为连接教育与产业的桥梁,其管理水平与教学质量直接影响着人才培养的效率与质量,进而关系到国家产业升级与经济结构调整的顺利进行。本书深入研究了职业教育的德育管理、教学管理、科研管理,以及教学理念、教学模式,旨在提升职业教育的内涵发展,更期望通过教育质量的提升,为社会输送更多具备良好职业道德、扎实专业技能与较强创新能力的人才,从而为经济社会的可持续发展注入强劲动力。

本书还积极探索了职业教育管理体制改革创新的现实路径,旨在通过管理体制的创新,激发职业教育的内在活力,提升其服务经济社会发展的能力,为职业教育的长远发展奠定坚实基础。

在写作此书的过程中,笔者深知,面对职业教育领域广泛而复杂的议题,任何研究都难以做到尽善尽美。笔者力求以严谨的学术态度、广阔的视野和务实的精神,尽可能全面而深刻地呈现东西部协作背景下职业教育的管理与教学,但限于能力和篇幅,书中难免存在疏漏与不足,恳请各位读者不吝赐教,共同为我国职业教育事业的发展添砖加瓦。

最后，笔者要感谢所有参与本书写作、审阅的同仁，没有你们的辛勤付出与无私奉献，本书无法顺利完成。笔者期待，本书的出版能够激发更多关于职业教育创新发展的思考与实践，共同推进我国职业教育迈向新的高度，为实现中华民族伟大复兴的中国梦贡献力量。

目 录

第一章 绪论 ·· 1

  第一节 东西部职业教育帮扶的必然要求、存在问题和实现路径 ············ 1

  第二节 职业教育东西部协作策略 ·· 8

  第三节 职业教育管理概述 ··· 10

第二章 东西部协作背景下职业教育管理的内容 ······································ 22

  第一节 职业教育德育管理 ··· 22

  第二节 职业教育教学管理 ··· 41

  第三节 职业教育科研管理 ··· 64

第三章 东西部协作背景下职业教育管理体制改革创新的现实路径 ············ 76

  第一节 职业教育管理体制改革创新的价值理念 ····························· 76

  第二节 职业教育管理体制改革创新的目标定位 ····························· 81

  第三节 职业教育管理体制创新的现实契机 ··································· 88

第四章 东西部协作背景下职业教育教学理念 ·· 93

  第一节 "一体化"教学理念 ·· 93

  第二节 行为导向教学理念 ··· 97

  第三节 能力本位教学理念 ··· 100

第四节　互动共振教学理念 ································· 106

第五章　东西部协作背景下职业教育教学模式 ················· 112
　　第一节　教学模式概述 ····································· 112
　　第二节　常用教学模式 ····································· 118

第六章　东西部协作背景下职业教育发展研究 ················· 140
　　第一节　东西部协作教育组团帮扶的模式转向与本土建构 ······· 140
　　第二节　东西部高职教育合作发展模型研究 ··················· 153

参考文献 ··· 160

第一章 绪论

第一节 东西部职业教育帮扶的必然要求、存在问题和实现路径

2021年2月，习近平总书记在全国脱贫攻坚总结表彰大会上宣布，我国脱贫攻坚战取得了全面胜利，完成了消除绝对贫困的艰巨任务。但脱贫摘帽不是终点，而是新生活、新奋斗的起点。党的二十大报告明确指出，要全面推进乡村振兴，巩固拓展脱贫攻坚成果，增强脱贫地区和脱贫群众内生发展动力；同时，注重增强均衡性和可及性，扎实推进共同富裕，坚决防止两极分化。我国地域辽阔、资源禀赋差异较大，各区域的发展仍面临诸多不平衡、不充分的问题。扶贫先扶智，职业教育作为与经济社会发展密切相关的教育类型，是稳定和扩大就业、增加居民收入、推进乡村振兴的重要力量。就职业教育体系而言，东部地区的职业教育发展相对于西部地区的职业教育发展仍然处于"高地"位置，东西部职业教育水平的差距问题不容忽视。在此背景下，为了巩固拓展脱贫攻坚成果同乡村振兴有效衔接，贯彻落实党的二十大关于"统筹职业教育、高等教育、继续教育协同创新，推进职普融通、产教融合、科教融汇，优化职业教育类型定位"的要求，探讨如何高效开展东西部职业教育帮扶工作具有重要的现实意义。

现代组织理论认为，社会的各级组织都是一个相互协作的系统。其中，协作是手段，以帮扶的形式实现地区之间、单位之间、个人之间的双向合作。2021年，习近平总书记对深化东西部协作和定点帮扶工作作出重要指示，指出开展东西部协作和定点帮扶，是

党中央着眼推动区域协调发展、促进共同富裕作出的重大决策。在此基础上，国内许多学者的研究聚焦东西部产业、教育协作帮扶对巩固拓展脱贫攻坚成果和推动共同富裕的重要影响。根据梯度转移理论，随着产业由较发达地区向欠发达地区转移，与产业发展密切相关的职业教育也需适时转移，以适应区域经济发展需要。职业教育与普通教育是两种不同的教育类型，新时代的职业教育更侧重于培养学生的职业适应能力和职业发展能力，更能够匹配产业发展需求，助力欠发达地区经济增长。

一、东西部职业教育帮扶的必然要求

在西部大开发的国家重大战略导向下，开展并深化东西部职业教育帮扶工作意义重大。东西部职业教育对口帮扶通过资金支持、人才支援、产业合作等方式，可以有效克服西部地区资源禀赋不全、教育水平落后等缺陷，在客观上促进区际资源配置优化，助推西部地区实现可持续发展。

（一）高质量发展对人才需求的必然要求

回顾历史可以发现，西部地区发展相对东部地区较为落后的主要原因在于传统要素驱动的粗放型发展模式下资源禀赋和开放程度处于劣势。进入新时代，党中央根据国内经济发展面临的新形势和新问题，创造性地提出中国经济已由高速增长阶段转向高质量发展阶段的重大论断，推动高质量发展已然成为全面建设社会主义现代化国家的必然要求。高质量发展要求大力提升人才的量与质，优化人才结构，最大限度地发挥人才的创造力。其一，在人才数量方面，推动高质量发展离不开构建以实体经济为支撑的现代化产业体系，而大力发展实体经济必然需要更多兼具理论知识和专业技能的高水平应用型人才；其二，在人才质量方面，高质量发展的核心是尽快培育经济增长新动能，并不断形成新业态、新模式，助力传统产业实现深层变革与转型升级，而这也对人才素质提出了更高的要求。

基于高质量发展对人才的迫切需求，教育部等九个部门于 2020 年联合发布了《职业教育提质培优行动计划（2020—2023 年）》，标志着中国职业教育正在从规模发展迈向提质培优、增值创新的高质量发展阶段。同时，构建高水平应用型人才培养体系是推动高质量发展的关键所在，只有系统、有序地在职业教育各环节、各领域融入应用型人才培养理念，才能不断提高职业教育的适应性，满足高质量发展提出的人才需求，进而驱动西部职业教育寻求更快、更高、更优的发展策略。因此，要吹响新一轮西部大开发号角、形成新发展格局，必然要通过按需帮扶、协同发力的方式助力西部职业教育发展，输送更多产业人才。

（二）共同富裕下增加收入的必然要求

共同富裕不是少数人的富裕，也不是基于社会财富存量的"均贫富"或"劫富济贫"，而是人人都有勤劳致富的机会和发展环境，是人人参与、共建共享、共同致富的普遍富裕。2021年1月28日，习近平在十九届中央政治局第二十七次集体学习时强调，共同富裕本身就是社会主义现代化的一个重要目标。2021年2月，习近平总书记在全国脱贫攻坚总结表彰大会上指出，要坚持驻村第一书记和工作队、东西部协作、对口支援、社会帮扶等制度，并根据形势和任务变化进行完善。在此背景下，推动东西部帮扶、促进东西部协作不仅符合先富带动后富的理念，也是缩小地区发展差距、实现共同富裕的必然要求。

西部地区共同富裕建设进程较慢的主要原因在于本土劳动力技能素养与就业预期的冲突导致其实际可支配收入不高，劳动力市场的结构性矛盾显著。加强东西部职业教育帮扶工作，一方面可以助力西部地区居民就业，提升劳动者技术技能，提高劳动者收入水平，在巩固拓展脱贫攻坚成果中促进共同富裕；另一方面，可以推进特色产业发展，为"大众创业、万众创新"这一共同富裕路径提供实践平台、积累市场经验、提供项目启动资本，为新时代西部地区职业教育发展提供智力支撑。

（三）乡村振兴中建设主体的必然要求

党的十九大报告指出，农业农村农民问题是关系国计民生的根本性问题，必须始终把解决好"三农"问题作为全党工作的重中之重。乡村振兴战略聚焦激发全体农民建设乡村的内生动力，不断提升中国乡村的整体水平，加快推进农业农村现代化。乡村振兴首先是产业振兴，而产业振兴需要建设主体。针对"谁是未来乡村建设者"这一话题，有研究者认为，高素质的新型职业农民，如新型农业经营主体带头人、农业经理人、农村创业创新带头人等，是推进乡村振兴的建设主体。这恰恰与现代职业教育体系建设相呼应。

当前，在乡村振兴战略的推进过程中，我国缺乏具备现代农业技术技能且扎根乡土的新型职业农民，建设主体的缺失是亟须破解的难题。职业教育具有育人与服务功能，可以在人力资源开发与文化建设两个方面为社会主义新农村建设提供智力支撑。东西部职业教育帮扶一方面可以激发农村民众自力更生、艰苦奋斗的发展意识，将"输血式"扶贫转化为"造血式"致富，以新型职业农民的先进自主意识助力西部地区乡村振兴；另一方面，可以发挥东部地区专业链对接产业链、课程群对接岗位群的优势，通过对新型职业农民进行系统教育与专项培训，高效推进西部地区产业化农业体系发展与现代化农村经济建设。

二、东西部职业教育帮扶存在的问题

当前，虽然东西部职业教育帮扶工作取得一定成果，但是面对覆盖面更广的乡村振兴任务，我国的职业教育对口帮扶还存在若干短板，具体包括供需匹配错位、考核评价缺位、本土特色失位等问题。

（一）供需匹配错位

东西部职业教育对口帮扶，主要涉及东部的教育供给和西部的教育需求两个方面，但二者的供需匹配常存在错位现象，具体表现为两个方面：一方面，职业教育资源匹配存在错位。帮扶教师的派出时间多是年初，存在教学周期错位、派驻时间较短等问题，部分派出教师的专业优势并不是受帮扶院校急需的学科领域，导致帮扶措施与实际需求相脱节。另一方面，职业教育与产业发展存在错位。由于职能属性、运作流程和发展特点不同，东西部职业教育帮扶过程与当地产业发展方向容易出现偏离，相关企业在职业教育人才培养方案制定、课程开发、实习实训等关键环节存在参与意愿不高、深度不够等问题，导致多数职业教育帮扶的主体仅为学校和学生，帮扶项目流于形式，并不能切实增强职业教育的适应性。

（二）考核评价缺位

为了提高东西部职业教育对口帮扶质量，更好地服务西部地区发展，我国需要建立职业院校、企业、教师和学生多方参与的考核与评价机制。我国关于教育帮扶的考核办法仍有所欠缺，尤其是职业教育所涉及的跨学科领域、产教融合、理论学习与实践实训等方面的考核评价机制还有待进一步完善。一方面，已有关于东西部职业教育帮扶的评价机制通常参考研究型院校标准制定，往往存在"重研究、轻实践"的倾向，未能准确反映职业教育帮扶培育技能型人才的成效；另一方面，实习实训是职业教育帮扶培育应用型人才的关键环节，但包含企业在内的多元评价考核指标有所缺失，严重影响了企业的参与度和学生的培育效果。

（三）本土特色失位

东部地区在对口帮扶过程中，难以根据西部地区资源禀赋和产业发展条件制定适宜的职业教育帮扶目标，主要表现为以下两个方面：一方面，部分帮扶院校事前缺乏详尽的实地调研，并未根据受帮扶地区的发展特色对派出教师进行系统的岗前培训，导致派出教师的目标和职责不明确，降低了职业教育帮扶的精准度；另一方面，受帮扶地区的管理干部和教学骨干赴东部地区交流学习时容易走马观花或流于形式，事前并未梳理、总结本土发展的特色和不足，反而盲目照搬照抄东部地区先进的职业教育发展模式，导致本土特色失位，出现"水土不服"现象。

三、东西部职业教育帮扶的实现路径

（一）不断完善东西部职业教育帮扶机制的顶层设计

东西部职业教育帮扶需要政府、企业、院校和学生多方跨区域参与，不仅主体范围广泛，而且要求深度融合，因此亟须政府从全局出发，完善帮扶机制的顶层设计。

第一，提高思想站位，坚决贯彻落实东西部职业教育帮扶工作。政府应实施就业优先战略，重点发挥职业教育解决结构性矛盾的优势，强化东西部职业教育帮扶的顶层设计，加强并完善资金支持、人才培育、产业扶持等方面的保障性制度保障帮扶工作顺利推进。

第二，调动地方政府主观能动性，有效对接帮扶供给与本土发展需求。中央政府应积极引导西部地区结合自身基础条件与既有优势，制定地方性职业教育发展政策，并根据本土支柱产业、重点工程和关键节点的迫切需求确定职业教育合作的优先领域及核心项目，有的放矢地寻求东部地区职业教育帮扶。

第三，多部门统筹协作，保障对口帮扶工作有序推进。东西部职业教育帮扶涉及多个相关部门，政府必须在各部门之间建立协同工作机制，界定各个部门参与该项工作的职责和权利，利用当前职业院校的校企合作资源，广泛动员多方力量，根据扶贫对象需求开设"订单班""定向班"等，多部门联动推进扶贫对象的技能培训和劳动力输出。

（二）建立健全东西部职业教育帮扶的考核评价机制

当前，东西部职业教育帮扶的传统模式仍存在考核评价缺位的问题，因此应基于职业教育的特殊性，建立健全东西部职业教育帮扶的考核评价机制。

第一，建立聚焦职业教育特征的东西部职业教育帮扶的考核评价机制。职业教育相较于普通教育，服务对象更广，产教融合、校企合作是其本质特征。因此，中央政府需组建由各级政府、教育主管部门统筹领导，行业企业专家、职业院校师生及社会力量广泛参与的对口帮扶管理委员会和质量评价委员会，以中央的考核指标体系为指导，制定详细的考核评价方案，以制度化的方式推动上级对下级的监督，倒逼东西部职业教育帮扶过程的规范和效果的提升。

第二，东西部职业教育帮扶考核评价机制应与时俱进。进入新时代，西部地区职业教育的发展肩负着向高质量发展转型、实现共同富裕和推动乡村振兴等使命。因此，东西部职业教育帮扶的考核评价机制应着重增加诸如构建当地高水平应用型人才培养体系，带动居民"大众创业、万众创新"，以及培育高素质的新型职业农民等符合新时代发展需求的考核评价内容。

第三，健全职业教育帮扶分阶段诊断改进和模式分享机制。具体而言，可以按照时间节点层层分解帮扶任务，在阶段性帮扶任务完成后及时进行帮扶效果评价与诊断，以此不断优化工作路径,改善帮扶流程,总结帮扶经验,为东西部职业教育帮扶提供借鉴范本。

(三)积极促进东西部职业教育帮扶模式的转型升级

当前,东西部职业教育帮扶仍存在供需匹配错位、考核评价缺位、本土特色失位等问题,因此应基于西部地区职业院校实际需求,积极促进传统帮扶模式转型升级。

第一,确立"以产业为中心"的帮扶目标。职业教育的发展离不开企业的支持,只有以产业发展为核心,才能激励企业更主动地参与职业人才培养。因此,东西部职业教育帮扶模式应充分整合东西部产业资源、企业资源以及行业协会资源,努力建立产教融合联盟、实践基地、实习及就业基地,通过跨区域的产教联盟提高东西部职业教育帮扶的精准性和适应性。

第二,确立"以本土发展为初心"的指导思想。西部地区的职业院校应大兴调查研究之风,深入当地政府、产业和市场,基于当地经济发展状况和规划,有的放矢地寻求东部地区援助,打造特色优势专业,从而开创优势互补、长期合作、实现共赢的良好局面。

第三,确立"以国际化发展为靶心"的发展方向。西部职业教育应以"一带一路"倡议为发展契机,对接沿线区域教育,在东部职业院校帮扶的助力下,以国际化思维提前对自身发展进行布局,从而完善西部地区职业教育体系。具体而言,西部地区可以通过签署区域教育合作框架协议,逐步疏通教育合作交流政策性瓶颈,实现学分互认、学位互授;设置着眼于"一带一路"建设需求的专业,如在国际贸易、生物科学、交通运输等重点领域优化专业设置,推动区域间或校际教育资源共享;建立西部职业院校与境外职业院校的合作机制,探索开展多种形式的中外合作办学,提升西部职业教育的国际性,进而培养国家急需的各类建设人才。

第二节　职业教育东西部协作策略

脱贫摘帽不是终点，而是新生活、新奋斗的起点。东西部扶贫协作转型为东西部协作后，既要巩固拓展脱贫攻坚成果，又要推进乡村振兴，接续改善群众生活，促进共同富裕。东西部协作的重点领域将有所转移，关键环节将有所转变，帮扶内容、帮扶形式将有所转型，职业教育东西部协作也需要相应地转型升级，为东西部发展双向赋能，推动东部与西部、农村与城市协同发展。

一、由"外推"转向"内生"，增能"扶志"

职业教育东西部协作需要双方共同发力，持续激发和培育西部地区的主体责任和内生发展动力。第一，东西部协作应基于西部地区的环境文化、精神文化与行为文化建设，凸显西部地区文化的生命力、创造力与感召力，让西部地区的群众能够从自然淳朴、人与自然和谐相处的文化生态中汲取营养。第二，激活内生动力，更新思想观念，让西部地区具有自力更生的主体意识，将乡愁文化、乡村传统技艺等细化成主题教育和社会实践项目，融合工匠精神于讲座、比赛、活动周等活动中，充分培育精益求精的工匠精神，形成自力更生的精神品质。第三，职业教育管理逻辑向治理逻辑转变，注重规模发展向注重质量提升转变，推进治理目标现代化、治理理念现代化、治理政策现代化、治理格局现代化。

二、由"供给导向"转向"需求导向"，增能"扶智"

东西部协作要以县为主、整体推进、全员覆盖，形成有效的互联互通联动机制；统筹教育、人社、扶贫、农林牧渔等部门资源，形成有效衔接、资源共享机制；通过"城乡联动""城际联动"等方式，完善职业院校跨区域合作机制。

第一，东部地区既要从供给侧出发，结合学校实际情况设计协作方案，又要对西部地区进行广泛深入的调查，从需求侧出发，了解当地的资源特色、产业状况、就业形势、技能需求等。第二，积极调动东西部企业共同参与建设"职业教育校企协同育人基地"，构建产教融通的实训平台和产业平台，创新校企协作模式。第三，推进西部地区职业教育改革，一体化设计中职、高职和本科职业教育，坚持中职教育的基础地位和高职教育的主体地位，稳步发展本科职业教育，打造集学历教育、技术推广、社会服务于一体的现代职业教育体系。

三、由"职业学校教育"转向"职业技术培训"，增能"扶技"

职业教育有着强大的经济功能和技术技能补偿优势，因此一方面要优化职业教育类型定位，推动职普融通，增强职业教育适应性，深化校企双主体办学模式，提高职业院校教育质量，培养培育高素质技术技能人才；另一方面，要围绕生态旅游、现代物流、电子商务、商贸服务、特色农业和加工制造业等产业发展，向西部地区输送专家、信息和技术，大力开展职业技术培训，促进技术技能积累。

第一，面向当地产业发展、经济转型升级等需要，统筹教育培训资源。建立西部职业教育联盟，围绕现代农业、现代加工业、旅游业、民族医药、文化遗产传承等领域广泛开展技术技能培训，成为当地承接产业群升级、岗位群发展、职业群更新的重要支撑。

第二，精准开展技能培训。注重把乡村传统技艺作为技术技能人才的核心技能，增强培育乡村传统技艺的有序性与有效性；有针对性地实施创业本领培养和实用技能培训；建立公益性职业农民培养培训制度，形成平台攻坚、资源共享、联合培育的贫困地区人才培育机制。

第三，采用弹性、开放、多元的培训模式。不仅要进行职前的针对性培训，把现有人群培训成为具有一定技术知识的合格劳动力，而且要加强职后的发展性培训，面向未来培养社会需要的劳动力。

四、由"点对点"转向"一体化",增能"扶制"

《中共中央 国务院关于实现巩固拓展脱贫攻坚成果同乡村振兴有效衔接的意见》中提出,要延续脱贫攻坚期间各项人才智力支持政策,建立健全引导各类人才服务乡村振兴长效机制。东西部协作需要跨区域、跨部门、跨行业的合力互动,职业教育东西部协作也需要跨部门、跨年度、跨层级的整体设计。职业教育要加强产业合作、资源互补、劳务对接、人才交流等,构建巩固拓展脱贫攻坚成果与乡村振兴"一体化"的长效机制。

第一,建立延续机制,保持主要帮扶政策总体稳定,坚持摘帽不摘政策、摘帽不摘帮扶、摘帽不摘责任、摘帽不摘监管的"四个不摘",执行扶持政策不变、支持力度不减、帮扶队伍不散、帮扶人员不撤、帮扶干劲不松;第二,建立联动机制,完善东西协作、对口支援、社会力量参与帮扶等多种协作模式联动发展、协同创新;第三,建立农村低收入人口常态化帮扶机制,加强农村低收入人口监测,做好易地搬迁接续扶持工作,健全防止返贫的动态监测机制,分类分层实施社会救助,加大医疗救助资金投入。

第三节 职业教育管理概述

一、职业教育管理的职能

职业教育管理是一个过程。管理过程,是指为实现管理的预定目标,对管理对象诸因素进行管理的客观程序,也就是管理者执行管理职能,运用科学的管理原则和方法,率领所属成员为实现管理目标而进行的共同活动过程。从整个管理过程和其活动方式来看,职业教育管理具有计划、组织、控制等一系列职能。

具体的管理活动是从提出目标开始,以达到实际结果告终,形成一个周期。每个管理周期包括若干阶段，在每一阶段，管理主体都要以一定的方式进行职能活动。

职业教育管理的职能是指职业教育管理本身的职责和功能，既指职业教育管理活动本身所具有的能力和作用，又指职业教育管理机构为执行任务、实现国家教育使命而进行的职务活动。

（一）职业教育管理职能的新内涵

在职业教育迅猛发展的新形势下，要实现职业教育改革发展的新突破，必须赋予职业教育管理职能新的内涵。

1.统筹改革发展全局

职业教育作为一项系统工程，不仅有着丰富的内涵和广阔的外延，而且随着新产业、新行业、新工艺的不断衍生和社会经济的高速发展，呈现多元化、多样化、多层次、特色化发展的新趋势。因此，职业教育光靠政府宏观指导与调控、市场调节是不够的，还需要充分发挥管理职能，统筹规划职业教育的改革发展全局。例如，依据社会对职业教育的需求和自身的优势与特色，制定相应的中长期发展目标与任务，并根据社会经济发展对人才的新要求，在规章制度、专业设置、资源投入、招生就业等方面进行统筹规划，有效发挥职业教育的优势与特色。

2.指导改革发展方向

随着社会经济、科学技术的发展，市场对人才需求的规格、数量、质量都发生了重大的变化。在新形势下，职业教育不仅需要统筹规划，更亟须实质性的指导。职业教育管理要承担起改革发展的指导者的职责，对职业教育实施人才培养方向指导、人才培养质量指导以及人才培养数量指导，通过管理的手段，对人才需求的类型、质量、数量给予把握与调控。

3.深入改革发展实践

职业教育改革发展是一个理论上不断探索和实践中不断自我完善的艰辛过程。在这个过程中，职业教育不仅要应对来自各方面的挑战和困难，还要面对自身不断暴露的矛盾与问题。在面对这些新挑战、新问题、新困难、新矛盾时，职业教育极易出现"路径依赖"现象，即在问题和矛盾变迁时，由于初始条件的局限和传统惯性作用，使问题和矛盾的变迁走上某一特定的路径，并随着时间的推移，其定向性还将进一步强化。一旦进入某种状况，由于系统的惯性具有锁定效应，要扭转已形成的局面是非常困难的。职业教育要消除"路径依赖"现象，就要充分发挥管理职能，通过各种途径深入改革发展实践的各个层面和环节，全面把握职业教育发展的脉络与趋势，深层次地剖析职业教育潜在的问题和矛盾，并运用政策导向、制度建设、机制运行等方式，加以引导、调整、规范和修正，确保职业教育和谐发展。

（二）职业教育管理的主要职能

1.计划职能

计划是为组织的未来确立目标和为实现目标而设计的途径与方法。计划工作要解决两个问题，一是做什么；二是怎么做，如谁去做、什么时间做、在什么地方做、做的程序是什么等问题。在学校，计划是学校全体人员的行动纲领，是各项工作的向导和依据。

计划职能是指根据国家和地区经济等方面的实际情况和社会发展战略的需要，以及教育事业发展的客观要求，在一定时期内，对职业教育发展的方向、速度、规模作出布置、设计和安排，以保证职业教育事业稳步、协调发展。计划是职业教育管理的中心环节，要实现管理的预期目标，就要对工作的目标和任务作出布置、设计和安排，对重大问题作出决策。在履行计划职能的过程中，职业教育管理必须依据国家和社会的要求，遵循职业教育的规律，以学校的具体情况为出发点。职业教育管理的计划职能，从动态运行的角度看，由以下相互作用的功能组成：

（1）确定目标

确定目标即确定在一定时期内职业教育管理主体和客体所要达到的目的和结果。学校的工作计划要反映学校的发展方向，明确的目标指向能引导学校朝着正确的办学方向努力。由于现实管理活动中所要达到的目标是多样化和多层次的，因此在确立职业教育管理目标时，必须重点解决三个问题，即确定实现目标的先后顺序、确定实现目标的时间期限、确立目标结构，以便在管理过程中能够合理分配资源，如期达成目标。

（2）科学预测

科学预测即在历史资料的基础上，运用科学方法，发动群众广泛参与，反复讨论，对各种可供选择的目标方案的发展趋势进行分析、估计、推断，从而得出预测的结果，作为选择方案的依据。预测结果的准确程度，直接影响着计划目标的可行性。因此，计划工作中的预测，必须解决四个方面的问题：一是规定的任务能完成到什么程度；二是需要多少资源；三是会遇到哪些困难和障碍；四是目标实现后会引起什么结果。

（3）预算

预算即对计划目标的投资标准进行分析、计算，并与整个财力进行比较、平衡，为确定目标方案提供客观依据。

（4）方案抉择

方案抉择即在确立目标、科学预测和预算的基础上，对目标方案进行比较、分析、权衡，形成正式计划。方案抉择是计划职能的归宿。

2.组织职能

确定计划后，就要付诸实施。组织就是通过一定的机构和人员把已经拟订的计划和决策，化为具体的执行活动，指导计划的落实。任何管理系统都要通过具体的组织才能建立，任何管理任务都需要具体的组织才能完成，职业教育管理也不例外。因此，组织职能是职业教育管理的关键环节。在确立了组织的目标和实现目标的途径之后，管理者为了领导集体成员有效工作，必须把各项工作或活动进行分类组合，划分出若干部门；根据管理宽度原理，划分出若干管理层次；根据组织内外诸要素的变化，不断对组织结构作出调整和变革，以确保集体目标的实现。

（1）组织功能

组织功能即职业教育管理者围绕管理的内容和目标，进行具体组织、安排和筹划管理活动。组织功能的实现，一方面，需要建立合理而有效的组织机构，配备适当的工作人员，组成有效的行政管理体制，以便进行有效的指挥、沟通和协调；另一方面，需要对职业教育管理的总任务进行分解，根据具体的任务设置相应的专门管理机构，并将分解的目标和任务落实到相应的职能部门，使职责、权利相一致，做到任务明确、职责明晰、彼此协调、运行灵活。

（2）指挥功能

指挥功能即管理者按照科学管理的规律和总目标的要求，依法对所属部门和管理对象进行必要的指导和领导，或下达指令，或提出指导性意见，并督促其实施。在指挥和领导的过程中，职业教育管理者要处理好集权与分权的关系，防止出现政出多门和违背客观规律的瞎指挥现象。上级要充分调动下级的积极性和创造性，以保证管理目标的顺利实现。

（3）协调功能

协调功能即管理者从行政管理的总目标出发，统筹兼顾，不断调节和消除组织与组织之间、组织与个人之间、管理者与被管理者之间的矛盾，减少管理过程中的功能损耗，建立和谐的、相互促进的关系，使整体功能得以实现。协调功能一般分为内部协调和外部协调两类。内部协调指行政组织内部各种因素的配合一致，是促进外部协调的基础；外部协调指各行政组织之间的纵横配合。实现行政协调的途径和方法是多种多样的，主要是统一目标、统一政策、统一领导，加强组织的团结，注意有力的监督，进行充分的沟通，并兼顾各方面的利益和要求等。

（4）沟通功能

沟通功能即通过行政信息、思想感情与愿望的传递和交换，促进管理系统内部组织之间、上下级之间的相互了解和信任，从而形成良好的人际关系，产生强大的内聚力，使组织的整体功能得以充分发挥。其沟通的方式也是多种多样的，如正式沟通与非正式沟通，单向沟通与双向沟通，上行沟通、下行沟通与平行沟通等。

3. 控制职能

控制职能是指对职业教育管理过程进行有效的监督，掌握实效与标准之间的偏差，并采取有效的控制措施，及时加以纠正，使管理活动正常进行，以保证管理系统有序地运转。

（1）确立控制标准

确立控制标准是整个控制过程的基础。如果没有一套完整的、具体的控制标准，便无法衡量和检查工作的成效和偏差，更无法采取正确的纠正措施。控制标准源于计划过程中的任务、方针、政策、行动方案，以及组织过程中各种反映对象变化的信息。控制标准应该是完整的、客观的、具体的和可考查的。

（2）收集偏差信息

收集偏差信息即依据已确定的控制标准，对管理活动进行检查和预测，从而获取管理活动的实际效果与标准的偏差信息和资料，为控制提供科学的依据。收集偏差信息的方法主要有两种：一是前导预测分析，即在实际偏差出现以前，做一定的预测，预见产生偏差的趋势，并采取预防措施；二是现时调查，即在计划执行过程中，对被控对象的行为及工作成效进行了解调查，将调查的结果与标准进行比较，找出差距，为下一步采取措施提供依据。

（3）采取调节措施

采取调节措施即根据偏差程度、范围和性质，找出线性偏差的原因，制定具体的措施，及时纠正偏差，以保证计划的全面落实。

（4）实行有效的监督

实行有效的监督即根据管理目标、计划和控制标准，监察、督导管理过程的正常发展和管理学校的有序运转。在整个控制阶段，监督的作用在于采用强制或非强制手段保证调节的进行和纠正措施的落实。

二、职业教育管理的原则

原则是根据客观规律制定的行为准则，是人们观察问题、处理问题的准绳。管理原则，即根据客观规律制定的管理行为准则。管理原则是决定整个管理系统的结构和运转的基础。职业教育管理原则是职业教育管理过程中必须遵循的指导原理和行动准则，是进行职业教育管理工作的基本要求。职业教育管理既要遵循教育管理的基本原则，又要遵守职业教育管理自身的规律。

（一）职业教育管理的基本原则

职业教育管理要坚持以下基本原则：

1. 方向性原则

管理是一种有目的的活动，管理工作必定具有方向性。坚持社会主义方向，是我国职业教育管理活动的基本原则。我国发展职业教育事业的根本目的是培养高素质的劳动者和高质量的社会主义现代化建设人才。因此，我国职业教育管理活动必须坚持贯彻执行党在社会主义初级阶段的基本路线，以党和国家的教育方针政策和法规为依据，使我国的职业教育为建设富强、民主、文明、和谐、美丽的社会主义现代化国家服务。

职业教育管理必须坚持党的领导，沿着党指出的行政管理方向对职业教育事务进行管理。党的领导从思想路线、政治路线和组织路线上保证了我国职业教育管理不断适应我国社会主义现代化建设的客观要求；坚持社会主义方向，就要按照"三个面向"的要求，对领导体制、专业设置、课程内容、教学方法和管理制度等方面，进行全面的改革，实现多出人才、出好人才的根本目标。在职业教育管理活动中坚持党的领导，是职业教育事业取得成功的保证，也是职业教育管理的根本原则。

2.民主性原则

民主性原则，就是在职业教育管理过程中，充分发挥民主，集思广益，走群众路线，充分调动各方面参与、关心、支持职业教育事业的积极性。

第一，要充分尊重职业教育工作者参加各项管理的民主的权利。他们既是管理的对象，也是管理的主体。因此，职业教育管理要遵循民主性原则，在重大问题上，应当通过代表会、座谈会和各种组织活动让职业教育工作者参加讨论，充分发扬民主，广泛听取意见，做到集思广益。

第二，要真正树立尊重知识、尊重人才的思想。知识和人才是社会主义现代化建设的宝贵财富，必须扫除一切轻视知识、轻视人才的偏见，牢固树立尊重知识、尊重人才的思想，重视人才的特殊管理、动态管理，实现人才的优化管理，加强人才的系统管理。

第三，必须坚持民主集中制。民主集中制是社会主义的组织原则，根据民主集中制原则，应在民主的基础上集中，在集中的指导下民主，即下级服从上级，地方服从中央，上级机关有关职业教育工作的决议、指示，对下级机关具有约束力，必须坚决贯彻执行；在职业教育管理机关内部建立正确的领导与被领导、集体领导与个人负责、民主讨论与日常指挥的关系；职业教育管理机构的一切行政人员都必须遵纪守法，服从机关的组织和领导。

3.动态性原则

管理过程本身是一个不断变化、发展的动态过程，不仅管理对象内部诸要素（人、财、物、时间、信息等）是不断变化、发展的，而且它们之间的相互关系也在不断变化、发展着；不仅系统自身是不断变化、发展的，而且系统之间的相互关系也在变化、发展着。因此，管理过程的实质，就是根据管理对象变化、发展的情况，及时作出相应的调整，以实现整体目标的过程。

动态性原则是指职业教育管理活动必须根据不同的情况，确定和采取不同的措施和方法，实行动态调节，使职业教育管理具有针对性和适应性。

动态性原则要求用动态观点观察、处理问题。职业教育在不断地改革、发展，其主要因素也在不断地发展，因此在管理过程中会出现许多新情况、新问题，这就要求管理者需要进行深入的调查研究，及时获取反馈信息，作出准确的判断和决策，采取有效的措施加以解决。动态性原则并不排斥相对稳定，而是要注意保持管理工作的连贯性，以利于管理经验的积累和管理人才的成长。

职业教育工作既有稳定性、继承性，又有发展性、创造性，这是由职业教育事业承前启后、继往开来的社会职能所决定的，反映在职业教育管理上，应以稳定、继承为基础和条件，以发展、创造为目的和动力，在相对稳定的前提下抓发展，在运动发展中求稳定。

4.科学性原则

科学性原则，即在职业教育管理活动中要按照客观规律办事，注意采取新的管理理论和管理方法，使职业教育管理活动建立在科学的基础之上。

职业教育管理活动既受教育规律特别是职业教育规律的制约，同时也受管理规律的制约，是一项科学性很强的管理活动。无论是制定职业教育政策和规划，进行职业教育预测，还是开展职业教育结构的调查，都必须以科学的理论和方法为指导。

5.高效性原则

教育管理的高效性原则是教育管理本质的直接体现和具体化，要求以一定的教育资源培养和提供更多的合格人才和高水平的研究成果。投入的教育资源越少，产出的人才和研究成果的数量与质量越高，表明教育管理的活力越突出。

在职业教育管理中，高效性原则所追求的目标就是良好的办学效益，通常通过用人效益、经济效益、时间效益、办事效益、整体综合效益五个方面来衡量。用人效益，指成员潜能的发挥程度；经济效益，指投资的实际经济价值，如投入与产出、有用耗费与无用耗费、有用效果与无用效果等；时间效益，指时间运筹的有效利用率，即法定工作时间与实际有效利用的工作时间的比例；办事效益，指管理机构处理公务的实际成效；整体综合效益，指教育管理的社会效果，社会承认、满足的程度等。

（二）职业教育管理活动的实践原则

在职业教育管理活动中要坚持以下实践原则：

1. 整分合原则

整分合原则，是指现代高效率的管理必须首先对管理对象进行整体规划，从整体上把握目标和任务、结构和功能，然后进行科学分解和合理的分工，建立明确的责任制，再在分工的基础上进行有效的合作与协调，以保证目标的实现。

在职业教育管理工作中，要贯彻整分合原则，从学校的整体规划出发，面向全局，着眼长远，在充分了解学校各部门、各类成员、各要素、各项工作及其相互之间的有机联系的基础上，对学校的目标、任务、发展方向和整体工作有一个全面、系统的考虑和安排，确定最优方案，作出整体规划，以保证整体目标的实现。

正确的整体规划是前提，科学的分解是关键。在职业教育管理过程中，管理者要善于对学校的总体目标、任务和整体工作进行科学的分解，并在此基础上对学校各个部门、各层次、各项工作进行分工，建立岗位职责制，使得每个部门及每个人都有明确的目标、责任，做到各司其职，各负其责。

2. 开放封闭原则

开放封闭原则是指某一管理系统，一方面，作为社会大系统的一个组成部分，必须保持其开放性，必须与外部环境进行资源（人、财、物）、能量、信息等的交流，这样系统才能在开发过程中得到必要的补充、修正、完善和提高，才能具有活跃的生命力；另一方面，作为相对独立的一个系统，对其内部的管理必须实现相对封闭，使系统内部各部门相对运动，通过相互联系、相互制约来提高自身的调控功能，形成一个环环相扣、首尾衔接的连续回路，以保证系统内部的正常运转。

职业教育管理也是这样一个开放封闭的辩证统一的系统，要贯彻这一原则，就要不断地吸收职业教育管理系统外部的信息，深入地分析并加以利用，以保证管理工作的有效性和动态性；同时，职业教育管理系统内部的管理机构、管理运转程序要加以封闭，真正构成循环系统。职业教育管理内部系统，要形成有效的循环系统，就要有决策、执行、监督、反馈等机构，以构成一个基本回路。

3.能级原则

能级原则，是指在管理中，必须根据系统中每个成员能力的大小来使用人和安排人，将其放在相应层次的岗位上，分级使用，做到量才录用、各得其所、各尽其能，并形成合理的、稳定的管理结构。

在职业教育管理工作中，一个稳定而有效的能级结构一般可分为三个层次：第一层次是决策层，第二层次是管理层，第三层次是执行层。三个层次具有不同的功能和使命，其人员的能量差别按梯级排列，能级差异鲜明，不可混淆。

在能级结构中，各个岗位都有不同的能级，每个人也有不同的才能，根据管理的能级原则，必须使相应的人处于相应的能级岗位上，做到人尽其才、才尽其用。同时，不同能级的人员要有相应级别的职位、权利、责任和收益。

4.动力原则

动力原则，是指管理必须正确运用激励手段，充分调动各成员的积极性，使个人及其组织产生最大的管理动力，使管理活动得以持续而有效地进行。人的需要是人从事社会活动的动力源泉。人的需要是多种多样的，它们相互作用并凝结为推动管理运动的三种主要动力，即物质动力、精神动力和信息动力。

在具体的职业教育管理中，对一个学校系统而言，三种动力同时存在，每一种动力都离不开其他动力的推动，它们必须紧密结合、相互促进，才能使动力激励发挥功效。学校实质上是一种由若干个体组成的集体，同样，每个学校成员也有自己追求的目标和相应的三种动力。因此，在管理实践中，正确处理个体动力与集体动力的关系尤为关键。如果学校个体活动目标各异，尽管其动力很足，能量很高，但方向不一致，最后也无法形成学校集体综合的动力，学校集体矢量也就十分有限；如果把每个个体的矢量硬扭到一个统一的集体方向上，使得个体得不到自由的发展，个体矢量必定大大减少，综合矢量也就得不到保证；如果让学校和个体在大方向基本一致的前提下得到充分的自由发展，使其为了一个共同目标而各显其能，那么学校集体矢量将是最大的。

5.反馈原则

反馈原则是指管理决策指挥机构作出决策或发出指令后，通过某些相应的机构把实际的执行情况及结果送回，决策指挥机构据此作出调整和修正，再将新的指令发出，以起到控制的作用。

职业教育管理要特别重视反馈原则。要贯彻这一原则，就要有一个及时的反馈系统，既能了解各部门的实际情况，又能分析问题，并准确、迅速地反馈给决策部门。职业教育管理还要形成各种反馈制度，以获得第一手反馈信息。对反馈来的各类信息，决策指挥机构要及时作出相应的反应，并果断采取措施，迅速行动，把矛盾尽量解决在萌芽状态。

（三）职业教育管理原则的应用

职业教育管理原则只有应用在具体的管理活动中，指导实施的管理方法和管理措施，其先进性才能体现出来。

1.组织能级管理

组织能级管理是一种较为传统的管理模式，它是通过一级一级的行政组织来实施对教育的管理的。这种管理方式强调计划性，强调上下级组织及管理者的服从。这种管理的终端组织的自主性差，管理链长，行政的力度稍差，容易造成"尾大不调"。

这种管理方式对管理者的素质要求高，特别是管理组织中的各级首长要遵循管理的民主性原则。在管理过程中，管理者不仅要听取同级组织中成员的意见，还要听取下级组织中成员的意见，充分发挥民主参与的作用，集思广益。

2.目标绩效管理

目标绩效管理是当前许多学校正在尝试的一种新的管理模式。一般来讲，目标绩效管理是一种完成中短期、阶段性任务的管理活动，是为中长期的规划和目标服务的。因此，方向性原则应贯穿其中。目标明确的方向性就是为达成中长期的发展目标和工作目标服务的。目标的方向性对于组织管理，特别是组织成员的心理目标的实现是很重要的，因为管理者确定的目标本身就是一种导向，是通过具体的目标的实现促进职业教育管理工作的推进。

3.标准量化管理

标准量化管理模式与目标管理在某些方面有共同之处，是教育行政和教育组织管理今后发展的方向之一。

在职业教育管理中实行标准化管理方式，首先要有权威的标准，即必须由权威部门组织权威专家制定质量论证标准。缺乏权威性的标准量化管理往往达不到好的效果，搞不好会适得其反。标准量化管理最主要的问题是实施和操作过程中的简洁性及可操作性。标准量化管理本身是一种非常明确的管理方式，但是，如果把标准搞得很复杂，结果将会事倍功半。

4. 多种组合管理

不论是宏观管理还是微观管理，特别是有一定组织规模的管理，不仅采用某一种专一模式的管理，更多的是采取多种组织模式的管理。社会形态的多样性决定了管理模式的多样化。

在一个组织内部，多种组合管理模式是容许的，但是这里存在一个效率的问题。一个组织内部采用多种管理模式不同于单一的管理模式，势必牵扯管理者更多的精力；另外，管理中组织机构的运转更为复杂，也会影响管理的效率。所以，实施多种组合管理模式要遵循效益性原则。

第二章　东西部协作背景下职业教育管理的内容

第一节　职业教育德育管理

东西部协作背景下的职业教育德育管理包括制定统一的德育标准、开发共享的德育资源、组织联合德育活动等内容。通过这种方式，可以确保无论是东部地区的学生还是西部地区的学生在接受职业教育的过程中都能受到一致的价值观引导和社会责任感培养。

一、职业教育德育管理概述

（一）德育的概念

我国古代"德"和"育"是分开使用的。"德"字最早出现在甲骨文中。"德"的本义作为动词，表示"看清方向，大道直行"；作为形容词，则表示"合乎天道的，自得自在的"；作为名词，表示合乎天道的思想、方法，合乎是非标准的思想品质、善行或恩惠。在中国文化中，"德"与"得"是相通的，"德者，得也"。汉代许慎在《说文解字》中是这样解释的："德，外得于人，内得于己。"古代"育"字从最初"生育"的意思，发展为养、长等意，如《说文解字》里的"育，养子使作善也"就不仅是将其解释为生育的意思，还有养育、使其成长的意思。

虽然在中国古代并没有德育的概念，未曾使用"德育"一词，但却有着非常丰富的德育实践。

"德育"是近代以来出现的新概念和新名词,最早由德国哲学家伊曼纽尔·康德提出。他将遵从道德法则培养自由人的教育称为"德育"。英国学者赫伯特·斯宾塞在《教育论》一书中将教育划分为智育、体育、德育,第一次明确提出了"德育"的概念。"德育"的概念传入我国是在清朝末年。1902年,清政府颁发的《钦定学堂章程》中"外国学堂于知育体育之外,尤重德育"提到了德育。1906年,王国维在《论教育之宗旨》一书中正式使用了"德育"一词,将其理解为道德教育。1928年,唐钺等人编撰的《教育大辞书》,也把德育理解为道德教育。可见,最初我国对德育概念的理解是一种狭义的德育。经历了一个多世纪的不断发展,"德育"的概念发生了很大变化,从最初的专指道德教育,发展到了今天包括政治教育、思想教育、道德教育,甚至法治教育、心理教育、纪律教育、环境教育、国防教育、安全教育、生命教育等在内的广大范畴。

学术界对德育的概念有着不同的理解。在《中国大百科全书·教育》中认为:德育是"教育者根据一定社会或阶级的要求,有目的、有计划、有组织地对受教育者施加系统的影响,把一定的社会思想和道德转化为个体思想意识和道德品质的教育。"我国教育家鲁洁和王逢贤认为,德育是教育者根据一定社会和受教育者的需要,遵循品德形成的规律,采用言教、身教等有效手段,在受教育者的自觉积极参与的互动中,通过内化和外化,发展受教育者的思想、政治、法制和道德几方面素质的系统活动过程。我国德育专家檀传宝认为,德育是教育工作者组织适合德育对象品德成长的价值环境,促进他们在道德认知、情感和实践能力等方面不断建构和提升的教育活动。

德育的内涵极其丰富,有广义和狭义之分。狭义的德育是专指道德教育,是培养道德品质的活动。广义的德育,不仅是道德教育,还包括政治教育、思想教育等,甚至包括法治教育、劳动教育等。学术研究者更偏重狭义德育的理解;德育实践工作者更偏重广义德育的理解。

(二)职业教育德育的特点和功能

1.职业教育德育的特点

(1)突出职业理想教育

职业理想是人们实现职业愿望的精神支柱和力量源泉,学生只有树立了职业理想才会懂得珍惜在学校的学习生活,并为胜任即将从事的职业而自觉地去提高自身素质。这样,职业教育就必然表现为珍惜、敬重职业的教育,同时也潜在地、前瞻性地培养学生的敬业精神。

(2)加强职业道德教育

职业道德是从事一定职业的人们在职业生活中应该遵循的包括安全意识、质量意识、效率意识、环境意识等在内的道德原则和行为规范,不仅是在职业范围内的特殊道德要求,而且还是本行业对社会所应承担的道德责任和义务。

职业道德教育是职业院校德育内容的重要组成部分,对办出职业院校特色,促进学生全面发展,保证人才培养的规格和质量起着重要的作用。职业道德教育能够帮助学生建立正确的职业观,树立为人民服务思想和集体主义思想,增强职业责任感和纪律观念,养成良好的职业行为习惯,在行业活动中具有辨别、抵制行业不正之风的能力,具备与职业相应的职业道德素质,为形成高尚的职业道德品质打下良好基础。

(3)实施创业和职业指导教育

随着我国产业结构的优化升级,职业院校学生应积极转变就业观念,合理定位就业目标,增强职业选择的市场意识、竞争意识,培养创业的意识和能力,因此职业院校德育要增加创业教育和职业指导的内容。这既符合经济社会发展的需要,也是职业院校学生自身发展的客观要求。

创业教育既包括创业知识的传授,也包括创业能力的培养。创业教育使学生的就业目标不仅限于找工作,而是上升到创造工作机会的层次。学生创业水平的高低,不仅在一定程度上影响学校的声誉,而且还将影响整个职业教育的进一步发展。

职业指导教育要引导学生了解职业、准备职业、选择职业、适应职业;学会正确分析自己,既不能自卑,也不能好高骛远;在了解职业、了解自己、了解社会的基础上确定人生目标,增强学习的自觉性、主动性,提升自身的就业竞争力。

2.职业教育德育的功能

(1)导向功能

职业教育德育具有引导学生坚持正确的政治方向和奋斗目标的功能。它通过各种教育方式,对青年学生进行马克思主义基本理论教育,进行爱国主义、集体主义、社会主义教育,进行时事政策和形势任务教育,引导学生认清社会发展的方向和时代潮流,坚定对马克思主义的信念,树立社会主义共同理想和共产主义远大理想,使青年学生坚持党的基本路线和基本理论，坚定不移地走中国特色社会主义道路，拥护中国共产党的领导，决心为全面建设社会主义现代化国家而艰苦奋斗。

（2）激励功能

职业教育德育的激励功能，是指通过一定的教育方式，以情感染人、激励人，使青年学生产生思想情感的共鸣，从而激发他们的政治热情和学习积极性。当人们对真理的认识和追求真理的真挚感情结合在一起的时候，就会迸发出巨大的热情，激励人们朝着选定的方向，坚定不移地前进。职业教育德育的激励功能，主要是通过典型教育、榜样示范、形象感化、环境熏陶等方式实现的。

（3）管理功能

职业教育德育具有管理功能。管理也是教育，教育和管理不能分离。教育和管理相结合、相统一，是提高职业教育德育水平的重要途径之一。职业教育德育的管理功能，是通过贯彻实施一系列的规章制度实现的。管理是多方面的，主要有学习管理、生活管理、行为管理等。制度化、规范化、科学化的管理，能够维护正常的教学秩序和生活秩序。管理功能中的调节功能，是指通过有效的管理，调节关系，化解矛盾，指导行为，使学生与学生之间、学生与教职工之间建立起互助互谅、团结协作的人际关系，从而维护学校的安定团结和社会的稳定。

（4）抑制功能

凡属教育人、管理人的系统都具有抑制功能。职业教育德育的抑制功能，是通过有效的教育和管理，使青年学生知道什么是正当的、应当的、合法的，什么是不正当的、不应当的、非法的，增强学生辨别是非善恶的能力，从而抑制和防止违纪违法行为的发生。职业教育德育抑制功能的发挥，一靠教育引导和舆论压力；二靠纪律制度的约束；三靠惩罚处分的震慑。职业教育德育抑制功能的充分发挥，可以减少违纪行为，预防犯罪，从而保护学生健康成长。

（5）服务功能

职业教育德育具有服务功能。这一功能在过去相当长的时期内常常被人们忽视。职业院校不仅要严格地教育和管理学生，而且要热情地为广大学生服务，并在服务中育人。职业院校主体系统的各个部分，从学校领导、校院职能部门，到系（部）的总支、行政、辅导员或班主任，都要有为学生服务的思想，既要从思想上、学习上教育、引导他们，又要在生活上热情地关心他们，为他们的学习和生活提供各种服务，帮助他们解决各种困难。

（三）职业教育德育的指导思想、基本原则和主要任务

1.职业教育德育的指导思想

坚持以人为本，以学生为主体，遵循学生身心发展的特点和规律，增强针对性、实效性、时代性和吸引力，努力培育有理想、有道德、有文化、有纪律，德智体美劳全面发展的中国特色社会主义事业合格建设者和可靠接班人。

2.职业教育德育的基本原则

（1）方向性与时代性相结合的原则

职业教育德育既要坚持正确的政治方向和育人导向，又要紧密结合时代发展的实际和学生的思想状况，增强思想性和时代性。

（2）贴近实际、贴近生活

职业教育德育既要遵循思想道德教育的普遍规律，又要适应学生身心成长的特点，从他们的思想实际和生活实际出发，开展富有成效的教育和引导活动，增强针对性和吸引力。

（3）知与行相统一的原则

职业教育德育既要重视知识传授、观念树立，又要重视情感体验和社会实践，引导学生自觉遵守道德规范，形成知行统一、言行一致的优良品质。

（4）教育与管理相结合的原则

职业教育德育既要进行深入细致的思想教育，又要加强科学严格的管理，实现自律与他律、激励与约束的有机结合。

（5）解决思想问题与解决实际问题相结合的原则

职业教育德育既要做到以理服人、以情感人，又要切实帮助学生解决学习、生活中遇到的实际困难和问题，增强教育的实际效果。

3.职业教育德育的主要任务

（1）进行民族精神和时代精神教育

职业教育德育应以爱国主义和改革创新教育为重点，开展中华民族优良传统和中国

革命传统教育、民族团结教育、形势政策教育，引导学生树立民族自尊心、自信心和自豪感，培养其改革精神和创新能力。

（2）进行理想信念教育

职业教育德育应以马克思主义基本观点、中国特色社会主义理论体系为重点，开展中国革命、建设和改革开放的历史教育与国情教育，开展哲学与人生教育、经济政治与社会教育，引导学生树立中国特色社会主义共同理想，进而逐步确立正确的世界观、人生观和价值观。

（3）进行道德和法治教育

职业教育德育应以职业道德教育为重点，开展公民道德教育、民主法治教育，开展集体主义精神和社会主义人道主义精神教育，引导学生树立社会主义荣辱观，养成良好道德品质和文明行为，提高职业道德素质和法律素质。

（4）进行热爱劳动、崇尚实践、奉献社会的教育

职业教育德育应以就业创业教育为重点，开展职业生涯规划教育和职业指导，引导学生树立正确的职业观和职业理想，提升综合职业素质和能力。

（5）进行心理健康教育

职业教育德育应以培养良好的心理品质为重点，开展心理健康基本知识和方法教育，开展职业心理素质教育，指导学生正确认识和处理遇到的心理行为问题，引导其养成自尊、自信、自强、乐群的心理品质，提高其心理健康水平和职业心理素质。

（6）进行生命健康安全教育

职业教育德育应以珍爱生命、健全人格教育为重点，开展安全教育、环境教育、廉洁教育等专题教育，引导学生树立安全意识、环境意识、效率意识、廉洁意识。

二、职业教育德育管理的实施

（一）以正确的德育思想指导德育管理工作

在职业教育中，实施德育管理必须考虑职业教育的特点，用正确的德育思想指导德育管理工作的开展。

现阶段的职业教育德育既要反映社会主义初级阶段的生产关系、社会主义市场经济和按劳分配制度等的现实需要，又必须注重德育的现实性，全面提高学生的道德素质。职业教育德育目标不能脱离社会生活实际和职业院校学生思想品德的实际，在对学生进行思想、政治、道德、法律和心理健康的全面教育中应有所区别，像社会公德、遵纪守法等属于最基本的社会道德规范，是对公民的基本要求，应要求所有学生遵循和切实做到。

在过去较长的一段时间里，职业教育德育没有形成具有自身特点、相对独立的课程体系，德育目标一般化和趋同化现象比较突出，不能体现职业教育特色，缺乏应有的针对性，使德育目标的具体要求产生缺失和错位，偏离了职业教育基本内容和需求，造成德育实效性降低。要满足职业教育德育目标的现实性和实效性要求，实现全方位指导和促进学生政治思想、道德素质的全面提高，就需要职业院校在开展职业教育德育工作时，必须注重职业理想、职业道德、职业纪律、职业行为、创业能力等方面的教育和培养，搞好以敬业和诚信为重点的职业道德教育。

职业教育德育工作还应实现以下四个转变：

第一，实现从"小德育"向"大德育"的转变。所谓"小德育"，就是内容上侧重理论教育，学校德育队伍局限于政教部门或德育课教师，范围仅是校内的思想教育，忽视了社会、家庭对德育工作的影响。这种"小德育"式的工作思路，容易造成德育工作与社会生活实际脱节，也与教学工作相分离，与社会需要相背离。而"大德育"理论认为，德育应该是由社会德育、家庭德育和学校德育共同组成的。"大德育"除了以上内容之外，还可指由道德教育、政治教育和法治教育所构成的学校德育。因此，在新的形势下，应该用"大德育"观念，充实德育内容，扩大德育工作队伍，调动广大教师的积极性，扩大德育工作范围，使德育工作深入家庭，延伸至社会，使学校的德育工作具有广泛的基础。

第二，从工作途径来说，实现从灌输型向实践型转变。灌输型指的是德育工作者在教育实践中，只注重要求，而不重视适宜德育对象的教育方法。它以"管住"学生"不出事"为目标，一味要求学生无条件地接受和认同，着眼于纠正学生的"错误行为"，忽视了对德育精神内涵的把握，使德育管理工作带有明显的功利色彩。这种重视表面秩序和短期功效的德育工作方式，易导致被教育者产生逆反心理和对抗情绪。职业教育德育应培养学生积极健康的行为习惯，让学生通过体验、醒悟等途径，提升自己的人格，变"要我做"为"我要做"，使德育要求成为学生的一种主动需求。

第三，从德育工作的管理来说，应从经验型向科研型转变。经验型教育惯于说教，与实际脱离，无统一计划、无目标，往往是"头痛医头、脚痛医脚"，达不到教育效果。实现从经验型向科研型转变，必须加强德育工作的计划性和规划性。职业院校应根据不同年级、专业制定不同的德育目标，使学校德育工作真正做到系统化、规范化；同时，加大德育科研力度，开展德育工作学术研究，定期召开研讨会，以促进德育工作的开展。

第四，实现从软任务向硬任务的转变。德育工作实效具有一定的滞后性、隐藏性，所以口头上、文字上强调得多，具体落实得少。因此，上级教育行政主管部门要加强对学校德育工作的督促与指导。同时，职业院校应把教师在教学中德育工作的情况作为教师职称评审的重要依据，其他各类人员参与德育工作的表现应作为其年终考核的重要依据，使学校做到全员育人、全程育人、全方位育人。

职业院校应确立"以学生为主体"的教育思想，做到德育活动与课堂教学相结合，职业教育与社会、家庭教育相结合，管理工作与科研工作相结合，常规工作与重点工作相结合，引导学生学会做人、学会求知、学会生活、学会健体、学会创造；培养学生强烈的爱国主义情感、社会责任感和勇于进取、探索创新的性格，健康的审美情趣和高尚的兴趣爱好，以及科学分析问题的能力和自我教育、自我管理、自我控制、自我调节的能力，让"教书育人、管理育人、服务育人、环境育人"不只停留在口头上，更落实到实际工作当中。

（二）职业教育德育管理的实施途径

1.加强学校德育工作组织领导和制度建设，规范学校德育管理

职业院校要加强对学生德育工作的领导，健全职业院校德育工作领导体制和工作机制。职业院校要把德育摆在各项工作的首位，贯穿教育教学的全过程。职业院校应实行校长负责的德育工作领导体制。党组织要发挥政治核心和监督保证作用，支持和协助校长做好学生德育工作。校长要统一领导学生德育工作，把德育工作与学校各项工作结合起来，同时部署，同时检查，同时评估。学校要有一名副校长分管学生德育工作。学校各部门要明确各自责任，密切协作，切实完成相应任务。

职业院校实施德育管理，首先要设立德育工作制度，明确学校各部门、各组织应承担的具体任务及工作措施；另外，各部门、各组织要有德育工作目标和计划，制定具体可行的德育工作方案，使学校德育工作层层落实、落到实处。

德育工作制度是学校德育的规范体系，它既对学校德育工作作出具体规定，也对学生的道德发展和道德面貌作出规定；它是为完成德育目标而对相关人员进行指挥、协调、控制和监督的组织管理规范体系，是学校德育工作要求的具体化，并以管理制度的形式为实现学校德育目标提供体制保证。

学校有了德育制度，才能保证德育目标的正确性、德育内容的实用性、德育方法的针对性和德育评价的权威性，防止德育管理出现形式化、趋同化和功利化的情况。因此，职业院校必须建立规范、完整、完善的德育制度，形成针对本校学生的年龄、心理特点和职业教育的目标要求等，具有职业院校特色和适于操作的学校德育管理制度。职业院校德育制度应重视学生自律的一面，弱化制度的他律作用，减少强制性行为，注意培养学生的独立意识和自我意识。

职业教育的德育制度还必须有监督的功能。如果缺乏监督，就会产生行为主观性和随意性，容易导致学校德育工作徒有虚名或放任自流。

　　2.建设高质量的学校德育工作队伍

职业院校的党政干部和共青团干部、班主任、德育课教师是职业教育德育工作的骨干力量。学校党政干部和共青团干部负责学生德育的组织、协调和实施；班主任负有在思想、学习和生活等方面指导学生的职责；德育课教师根据课程的内容和特点，负责对学生进行思想政治教育、道德法治教育、职业生涯和职业理想教育，以及心理健康教育。学校全体教职工都负有对学生进行德育的重要责任。地方各级教育行政部门和学校要大力加强教师职业道德建设，建立和完善教师职业道德考核奖惩制度。

职业院校要加强班主任队伍建设，选聘思想素质好、业务水平高、奉献精神强、身心健康的教师担任班主任。每个班级至少配备一名班主任。班主任工作计入教师基本工作量，学校绩效工资分配要适当向班主任倾斜，使他们有时间、有精力、有热情做好班主任工作。职业院校要将班主任工作成绩作为教师聘任、职务晋升的重要依据。教师高级岗位聘用应向优秀班主任倾斜。各级教育行政部门、人力资源和社会保障行政部门及职业院校要将优秀班主任的表彰奖励纳入教师、教育工作者的表彰奖励体系。职业院校要加强班主任培训，努力提高他们的思想水平和业务能力，从而建设一支高水平的班主任队伍。

职业院校还要加强德育课教师队伍建设。职业院校的德育课教师是学校专职从事德育课教学的专业人员，是职业教育德育的专门力量。德育课教师除应具备国家法定的教师资格外，还应具有一定的马克思主义理论修养、较丰富的社会科学知识和从事德育工作的能力。职业院校要按照德育课设置和教学任务要求配齐、配足德育课教师。各级教育行政部门和职业院校要高度重视德育课教师培训工作，不断提高德育课教师的思想道德修养和教育教学能力，努力培养一批德育特级教师和高级教师。

3.提高师资队伍整体素质，充分发挥教师的主导作用

在学校，教师是德育活动的组织者，同时也是德育过程中社会要求的代表者，是一定社会意识、思想和道德准则的体现者，是实现德育目标的重要保证。

教师在向学生传授知识的同时，也对学生的品德情操和行为习惯有巨大影响，因此教师的德育作用是毫无疑问的。教师既是教育活动的主导者，又是教育对象的榜样；既是德育的教育者，又是学生人格发展的准客观环境。教师的形象是对学生进行德育的最好教科书，是促进学生向上发展的源泉。教师与学生的关系，不仅仅是教育者与被教育者的关系，而且是指导与被指导、后生与晚辈、有知者与缺知者等多种角色关系。教师对学生具有强大的吸引力、影响力、感染力和权威性，教师在授课过程中所创造的和谐、温馨的气氛能使学生在潜移默化中"信其道""学其理"，产生强烈的"亲其师"的感情，并且通过相互感染、情感交流使其体验到教学的愉悦和耕耘的欢欣。

社会要发展，发展靠人才，人才须教育。培养人才是教师的天职。在职业院校中，由于工作分工不同，部分教师会把既是"经师"又是"人师"的双重身份割裂开来，认为只有德育课教师、学生科、政教处、班主任等被赋予了明确的德育责任，而其他课程教师则不必承担德育的责任和义务。这是一种十分错误的德育观念，将造成学校德育合力的减弱，使学生失去多方面进行德育熏陶的机会，不利于学生健康成长。学校不仅仅是传授知识的场所，而且是社会主义精神文明的培植之地。学校肩负着教书育人的双重使命，只有全体教师都具有明确的德育意识和德育责任，才能形成德育合力，充分发挥学校全员育人的德育职能。

4.建立科学的德育评价体系，用正确的教育思想和方法培养学生

德育评价对德育工作具有监督、导向、杠杆调节和推动促进的作用。职业院校要建立健全德育工作的督导检查制度和综合评价机制。长期以来，职业院校对德育评价的功能作用和意义认识不足，特别是对学生的德育评价没有充分发挥其应有的效果。过去对学生的德育评价注重的是学生的学习成绩，而不太注重学生的全面、协调发展。在这种传统评价方式的影响下，教师和学生的注意力都集中在学习成绩上，教师不注重学生德智体美劳的全面发展，导致学生身心发展不平衡，德育效果低微。

职业教育德育要取得更好的实效，必须进行德育评价的改革和探索。只有正确合理的评价才能改变长期以来德育目标只提表面要求，只看表面行为，只图表面效果和不求实效的形式主义通病，引导和激发德育在学生品德形成中的深层效应。

如何公正、客观和科学地评价学生的在校表现并得出有说服力的结论，已成为当前职业院校德育工作面临的一个现实问题。职业教育有别于其他教育类型的特殊性就是其职业性，即注重培养学生的职业道德，使学生具有敬业精神和诚信品质，能吃苦耐劳。这一特点决定了职业院校应注重观察学生在个人意志品质、职业精神、职业素养方面的成长与表现，而不仅仅看重其考试成绩。德育评价应坚持以鼓励学生为主导思想，以表扬为主，采用正面积极的方法来鼓励学生上进，要善于发现学生的优点，使学生有自信心，鼓励学生在认知、兴趣、情感、意志等方面都得到发展。激励学生的进取精神必须从细微处做起，分阶段、分步骤，着眼于学生的长远发展。德育评价还要注意学生的个体差异，在评价过程中必须考虑学生个体之间的发展不平衡性。

三、职业教育德育的实效性

（一）德育实效性的内涵

德育实效性是指在特定的环境条件下，德育的实际运作对德育目标的实现程度。它既是指德育的内在效果，即德育能否顺利地转化为学生个体的思想道德素质，又是指外在效益，即通过提高学生思想道德素质，促进社会的物质文明、政治文明和精神文明建设。

德育的实效性还表现在德育的效率上,即以一定的人、财、物、时间的投入获得最佳的效果和最大的效益。

现代德育理论认为,德育的实效性就是德育的现实功能与期望功能的吻合程度,是一种价值属性,是"应然"与"实然"之间的价值关系。

总的来说,学校德育实效性的本质有如下几个特点:

①学校德育实效性的实质是合目的性,即德育工作实际完成情况是否符合德育目标,或者说是否达到预期目标。

②学校德育实效性的前提是合规律性。一方面,实效性的产生是有条件的,因此学校德育实效性受事物发展规律的制约;另一方面,由于学校德育实效性是具有主观意志的人的一种社会活动的结果,因此学生品德的变化和发展所体现的规律性又会受人的理性认识及实践水平的影响而具有主体性的一面。

③学校德育实效性还必须符合"行动的技术性"。实质上,学校德育实效性是一种目的和手段相互契合的行动。学校的德育活动仅仅合主体的目的性、合学生品德发展的规律性还不能完全保证其有效性。比如,有些传统型教师尽管对德育目标和教育规律有丰富的认识,但如果不了解现代青年的思想特征,不注意方式方法的运用,缺少行动的科学性,就难以在开展德育工作时取得很好的效果。

④对学校德育实效性的完整理解应从有效益、有效果、有效率三个方面来进行。所谓有效益,是指学校德育目的及目标必须符合主体的真实需要;所谓有效果,是指学校德育活动的结果必须符合学校的德育目的、目标;所谓有效率,是指学校德育活动的投入必须符合学校德育目的及目标得以实现所内在要求的最经济的投入。德育的效益、效果、效率共同组成德育实效性的基本内涵。

(二)提高职业教育德育实效性的对策

学校德育要实现其教育内容对学生在思想、政治、法治和道德等方面深刻、持久的影响,以及对学生的意识在判别、选择、理解等方面产生强化作用,需要通过内化和外化,使学生将学校的各种"德育信息",内化为自己的信念,外化为自己的行为,在人生观、世界观、价值观等思想品德方面朝着学校德育工作所期望的方向发展变化。

1. 强化教师育人意识，建设一支高素质的德育师资队伍

育人工作是一项由外在行为到思想内化的综合工程。职业院校必须坚持教书育人、管理育人、服务育人的协调发展，全面有效地把学生培养成为高素质的公民。职业院校要以把学生培养成德智体美劳全面发展的、具有综合能力的、高素质的劳动者和专门人才为教育目标，强化教师育人意识，加强师德建设，引导广大教师树立"教书育人，育人为本，德育为先"的理念。

教师要自觉地、有目的地在教学过程中，向学生实行德育，文道结合，晓之以理，动之以情，导之以行，提高学生的思想道德素质。

新时期德育工作的发展对德育工作者提出了更高的要求，教师必须掌握德育发展的新动态，学习德育管理的新知识，关注德育理论的新发展。

职业院校需要进一步加强学校德育队伍建设，在教师的职业价值、职业理想、职业道德和精神境界等方面予以重视，特别要加强师德师风的建设，增强教师的师德信念和道德修养，使教师树立正确的人生观、世界观和价值观，形成强烈的教书育人的责任感、义务感、使命感和光荣感，满腔热情地把自己的力量和才华无私地奉献在教书育人上。

加强德育队伍的建设要特别重视年轻教师的培养。现在的职业院校，青年教师占教师人数的比例较高，他们将无可替代地成为职业教育德育队伍的主要力量。因此，对青年教师的培养关系到职业教育社会主义办学方向的大局，丝毫不能忽视和怠慢。青年教师在年龄和经历上与学生相近，思想感情易沟通，精力充沛，在做学生思想工作上比中老年教师更具优势，对学生影响往往更大。因而，职业院校应重视青年教师队伍。当然，青年教师存在实践经验少、情绪波动大等弱点和不足，因此对他们的培养、教育就至关重要。

随着信息时代的到来，知识更新和信息增长的速度越来越快，学生掌握的信息量往往不比教师所掌握的少。教师是信息的平等分享者，而不可能是信息的独占者，进而形成了平等、民主、互敬互爱的新型师生关系。这样的师生关系对教师的思想品德提出了更高的要求。教师要认识到自身的不足，提高终身学习的自觉性，跟上时代发展，不断更新观念，更新知识和技能，加快角色转换，以适应学校深入开展德育的需要。

在知识经济时代，教育被赋予了新的使命，具有了新的特征，教师必须从传统角色的束缚中解放出来，而扮演新的角色。如果教师固守原有的角色，就无法满足时代发展提出的新要求，必将被时代淘汰。教师角色的转换意味着教师的真正功能将更加凸显。教师原有不适应时代的角色将不断被解构、被清除、被更换，进而整合为新的角色，即由学习的指导者转变为未来发展的设计者，由文化知识的传授者转变为知识体系的构建者，由课程教材的执行者转变为课程和教学的研究者。

2. 把握重点和契机，开展德育教育和社会主义荣辱观的教育

职业院校应以重要节日、纪念日、各民族传统节日及社会热点为契机，以班会、校级会、表彰大会等形式，在学生中开展以爱国守法、明礼诚信、团结友善、勤俭自强等为主要学习内容的公民道德教育和社会主义荣辱观教育，开展以民族传统美德、革命传统、职业道德和职业理想等为主要内容的民族精神和敬业诚信教育，帮助学生树立正确的世界观、人生观和价值观，培养学生爱岗敬业的优良品质。

职业院校可以利用榜样教育学生。榜样的力量是无穷的，是先进思想、积极情感和正确行为习惯的统一体，对学生影响巨大。除了学习社会公认的榜样外，职业院校的职能部门、班主任、教师还应该多深入调查了解，注意发现本校学生中的先进典型，并及时进行表彰、推广。

职业院校可以适时地开展"主旋律"教育。例如，规范周一升旗制度，通过升国旗、奏国歌、国旗下讲话等过程进行爱国主义教育，培养学生的爱国情感和民族自豪感；每年三月开展"学雷锋活动月"活动，培养学生艰苦奋斗、乐于奉献、爱岗敬业的精神；利用法治报告会对学生进行法治教育，使学生遵纪守法，懂得珍惜生活。

3. 充分发挥课堂教学和实训实习在德育中的主导作用

第一，职业院校要发挥德育课主渠道作用。德育课教学要充分反映马克思主义中国化的最新成果，把中国特色社会主义理论体系的基本内容、社会主义核心价值体系的基本要求融入课程；充分体现"贴近实际、贴近生活"的原则，紧密联系社会实际和学生生活，尊重学生身心发展规律，不仅注重知识学习和观念形成，更注重情感培养和行为养成；充分突出职业教育的特色，课程设置、教学安排要和职业教育培养模式、教学特点相适应，发挥学生主体作用，突出教学的实践性，注重现代教育手段在教学中的运用。职业院校应推进职业教育德育课程改革，进一步增强德育课的针对性、实效性、时代性和吸引力。

第二，职业院校要发挥其他课程教学的德育功能。公共基础课和专业理论课都是进行德育的有效途径。教师要根据不同课程教学的特点，结合教学内容对学生进行爱国主义、社会主义、中国近现代史、基本国情、民族团结的教育；进行科学精神、科学方法、科学态度的教育；进行团结协作和坚韧不拔精神的教育；进行审美观念和审美情趣的教育；进行敬业、乐业和创业精神的教育。各学科教师要认真落实本学科的德育任务要求，结合各学科特点，寓德育于各学科教学内容和教学过程之中。各学科的教材、教学大纲和教学评估标准，要坚持正确的思想导向。

第三，职业院校要发挥实训实习的德育作用。实训实习是职业院校教育教学的重要内容和环节，也是对学生实施德育的重要途径。职业院校要结合实训实习的特点和内容，抓住学生与社会实际、生产实际、岗位实际和一线劳动者密切接触的时机，进行以敬业爱岗、诚实守信为重点的职业道德教育，以及职业纪律和安全生产教育，培养学生爱劳动、爱劳动人民的情感，增强学生讲安全、守纪律、重质量、求效率的意识。职业院校要切实加强实训实习管理。在实训实习特别是离校顶岗实习阶段，学校必须与实习单位共同做好对学生的思想道德教育和管理工作，绝不能放任自流。

4.注重常规管理，强化养成教育

常规管理是职业教育管理的核心部分，养成教育是职业教育德育工作的中心内容。

常规管理就是把学校大量的、反复出现的日常管理事务，按其各自运动规律而制定和实施各种相对不变的规定和规则，以条令的形式使管理常规化、制度化、规范化，保证管理有条不紊，井然有序，以提高管理效率，帮助学生养成文明行为习惯、良好道德品德和遵纪守法意识，培养优良的学风和校风。

职业院校除根据学校的德育任务和内容有计划、有目的地组织学生进行各种行之有效的教育活动外，还必须依据职业教育德育的特点和基本内容，结合学校实际情况，进一步加强常规教育，扎扎实实地把职业教育德育工作做到实处。具体内容包括：

（1）加强对辅导员的日常管理工作的考察，严格考勤、考核制度。职业院校应制定细则监督辅导员的常规管理，对周会、主题班会提出具体要求，并不定期检查；坚持每周组织一次辅导员会议，学习理论、总结工作、安排任务。

（2）坚持正面教育与纪律约束相结合的原则。对学生的教育必须坚持正面引导，以说服教育为主，做耐心细致的思想工作，同时辅以纪律约束。教师要积极发现并鼓励学生本身具有的积极向上的因素，即优点、长处、先进因素，限制和克服其消极因素，即缺点、短处、落后的一面。教师要善于发现学生思想上的"闪光点"，并利用道德品质的迁移作用，促进学生思想内部的矛盾运动，推动其思想品德向着教育者所期望的方向发展。

5. 发挥家庭监督教育作用，引导青年学生健康成长

长期以来，我国学校德育的一个十分突出的问题是只重视学校德育，而忽视了家庭德育，使学校德育形成一个封闭的系统，把学校和家庭分割为独立板块，不注意把这两种德育途径整合为一股力量。实际上，家庭教育在青年成长中占有重要地位，家庭成员的思想品德、文化修养、生活习惯、教育经验等都对学生具有直接影响。

青年学生除了校内学习时间，其余相当多的时候是与家庭成员共处。合格的家长应该着力提高自身的素质，以良好的行为习惯和生活态度影响自己的孩子，应多与孩子沟通交流，了解孩子的性格与爱好，关心孩子的成长与需求，分担孩子的困难与烦恼，及时引导他们用积极的态度面对困难与挑战，帮助他们解决生活和学习中出现的问题。

学校要重视与学生家长的沟通工作。通过召开家长会、成立家长委员会、发放家长通知书等形式及时将学生在学校的情况告知家长，争取家长的支持和配合；成立家长学校，引导家长关心孩子在校的表现和学校的事情，指导家长的教育方法，使学校与家庭的教育很好地结合起来，切实增强德育工作的实效。

6. 开展德育创新，构建情境化德育新模式

要进一步加强和改善职业教育德育工作，必须进行德育创新。德育创新是增强德育实效的关键所在。在职业院校中开展德育创新，应以学生发展为本，各职业院校可联系本校学生的实际情况，探索开发有利于本校学生思想道德教育的校本德育课程，有的放矢地开展针对性德育，同时通过构建和采取情境化德育新模式来提高学校德育工作的实效性。

道德的本质是个体问题，是个体理智的选择。真正的道德成长发生在个体的内部。品德心理学研究成果表明，个体品德的养成并不取决于道德知识的多少，而主要是个体在与他人的交往互动中通过道德的内化而形成，需要一个潜移默化的过程。道德知识是可教的，品德却是不宜通过学校课程来教的，它需要学生通过自身感悟来提升。教师必须构建道德情境，使学生在具体的道德实践中充分体验，再通过内化、强化而逐步形成高尚的品德。

一方面，职业院校应优化学校育人环境，使整个校园成为德育的土壤，成为育人的场所。就像人们生存需要无处不在、无时不有的空气一样，德育也需要无处不在、无时不有的文化情境、人际情境和物质情境。教师应通过这些情境进行无声的、无形的、隐性的、非正式的而又极为有效的教育，像春雨润物一样，默默地滋润学生的性情，一点一滴地浇灌学生的人品。

另一方面，职业院校应积极推行体验教育。体验教育就是组织和引导青少年在亲身实践中，把做人和做事的基本道德变成自己的行为习惯的教育过程。常言道，一个没有承担过任何责任的人是很难树立起责任感的，而一个没有现实生活体验的人同样也很难接受道德观念和行为准则。

职业教育德育要重视社会体验，帮助学生真正接纳社会道德意识和观念，使道德发生作用，把道德规范化为个人的内在精神力量以及个人行为；帮助学生学会分析、选择，形成正确的价值判断；帮助学生养成良好的行为习惯，提升道德能力。社会生活体验是实施德育的有效方法，也是学生品德形成的必由之路。

7.努力拓展职业教育德育的有效途径

（1）丰富校园文化，寓教于活动之中，优化校内育人环境

校园文化、科技、艺术、体育活动对学生素质的形成具有潜移默化与直接锻炼的作用，是课堂教育的补充、延伸和深化。职业院校可以通过开展文化艺术节、运动会、各类技能比赛、主题活动及主题班会等活动，培养学生的审美情趣、创新精神和实践能力，培养学生的集体主义观念，丰富学生的校园文化生活，营造多彩的学校文化氛围，为广大学生提供展现自我、追求美好的成长舞台，使其在活动中增长才干，陶冶情操。

职业院校应加强校园环境及教室环境建设，营造具有教育性、艺术性、科学性、时代性的校园文化。例如，指导各班级对教室进行规范化、科学化、艺术性装饰，造就良好的学习氛围；在教学楼及实训楼等教学场所的楼道张贴文明用语、市民公约，把名人名言、科学发明、经典文学艺术等人类文明的优秀成果引入校园，在校园醒目处竖立"校风"或"校训"等字牌，营造积极向上的氛围，起到美化心灵、启迪智慧、规范行为的作用；充分利用校园广播站、书报栏、板报等宣传阵地，对学生进行理论宣传。

良好的校内育人环境需要教职工的配合。学生具有很强的模仿性，教职工的心理品质、政治立场、价值取向、言谈举止都会直接影响学生。因此，职业院校必须要求教师

在言谈举止上做学生的表率，要求行政、后勤服务人员优化服务，以优雅、文明、和气、谦逊的语言，良好、周到、热情的服务态度，优质的工作质量服务学生、服务教学，体现服务育人的理念，做到寓教育于言谈举止之中。

（2）加强校园网络管理，发挥校园网络的育人作用

互联网正改变着人类的生活方式，网络对青年学生思想品德的形成具有重要影响。

现实中，由于信息网络的各种负面影响，许多家长甚至教育工作者都把现代网络视作洪水猛兽，一味禁止和打击各类学生接触网络的行为。事实上，现代信息网络为德育工作提供了丰富的资源，突破了时空的限制。网络信息集知识与娱乐于一体，为人们所喜闻乐见。从社会发展的趋势来看，网络生活将成为未来社会不可缺少的一种生活方式，网民的主体地位越来越突出，其自主意识也越来越得到高度的发挥。可以说，网络的健康发展离不开德育工作，提高德育工作实效性也离不开网络。

职业教育德育工作包括多方面的内容，而现代网络技术的应用则为职业教育德育提供了一种新的思路和手段，也丰富了德育工作的内容。职业教育德育工作管理，应选择以网络为途径和渠道的德育方式，开展丰富多彩的网络德育活动。具体可以从以下几个方面开展：

①鼓励各学科教师开展信息技术与本学科整合的教学活动，让学生在潜移默化中提高信息素养。

②结合信息技术课，由校团委、学生会等组织学生充分利用信息技术开展"网络征文超链接""电子邮件满天飞""网络探秘小论题""网络知心朋友多""网络作业开心做""网页制作小博士""教师信箱收获多"等活动，鼓励学生在网络中展现自我，发表自己的文章、绘画作品等，让学生在网络中拥有更为广泛的、自主发展的空间。

③开设网上心理咨询室。学生在网络上提出心理问题，教师及时作出回应。网上心理咨询，对学生来说保护了自己的隐私，可以更充分地提出自己的问题，让心理教师进行诊断。需要注意的是，网上心理咨询只能作为学生平时心理咨询的一个补充。

④开展网络班会、校会或者团会等。学校或班级可以就学生们最为关心的问题，在学校德育网站中展开讨论，给定一个期限，让学生们通过网络对这一问题发表自己的看法、意见，也可以就某一问题开展网络投票。

总之，网络既对青年的道德教育提出了挑战，也为职业院校加强德育效果提供了先

进的手段。职业院校在开展德育工作时，要学会运用网络技术创新德育，充分发挥其信息优势和双向选择的特点，将德育内容以学生喜闻乐见的形式表现出来，将传统的"灌输"转变为吸引学生自觉参与，增强德育的感召力和影响力。职业院校还要引导学生有效自律、自我调节，使学生正确对待虚拟空间和现实空间的区别，塑造健康的网络人格，让德育工作更富有时代气息。

（3）注重学生心理辅导，增强学生心理调控能力

学校心理辅导是辅导人员运用心理学专业知识与技能，给学生以合乎其需要的协助与服务，帮助学生正确认识自己，认识环境，确立有益于个人发展的生活目标，克服成长中的障碍，增强社会适应性，充分发挥自己的潜能。

心理辅导补充了德育的内容。它根据学生的一般的、基本的心理需求，通过情绪调适、分析疏导，在人际交往、应对挫折、职业选择、消除不良习惯等方面对学生给予帮助，实现教育，使德育内容更加贴近学生生活，促使学生完整人格的发展。

心理辅导为德育提供了新的方法与途径。心理辅导采用疏泄、自由联想、暗示、放松训练、心理换位等方法，使学生感觉到教育者是协助者，从内心自觉接受教育，并学会用自己的力量来解决问题。德育工作者借鉴心理辅导的方法，会减少思想工作上的阻力，使政治思想工作具有人情味。德育工作者借助心理测验能够客观地了解学生的个性、智力、人际关系、长处、不足及发展趋势，使德育工作更具有针对性。心理辅导采用小组辅导、书信咨询、电话咨询、活动课等途径对学生进行教育。德育可以借鉴这些经验作为补充，使德育工作途径更丰富。

心理辅导有着不容忽视的德育功能，职业院校应配备专职心理辅导教师。为做好心理辅导工作，职业院校还应建立心理咨询（辅导）室，配备必要的设备和资料，通过多种形式对学生的心理问题进行指导，帮助学生排除心理困惑，并建立学生心理咨询档案。

职业教育德育的实效性是一个实践性很强的问题，要做好职业院校德育的管理工作，需要学校管理者认真研究、具体分析，才能收到良好的成效。

第二节 职业教育教学管理

东西部协作背景下的教学管理侧重教学过程中的合作与协调。例如,可以通过建立跨地区的远程教育平台,使得西部地区院校能够使用东部地区院校优质的教学资源;通过互派教师进行交流,提升西部教师的教学能力和教学方法;通过共建实训基地等形式,让西部的学生有机会接触更先进的设备和技术。

一、职业教育教学运行管理

(一)职业教育教学运行管理的特点

1. 复杂性

职业教育的教学大体分理论教学和实践教学两大类。其人才培养的目标要求理论教学与实践教学互相贯穿、交叉进行,让学生能够边学习理论,边实践。职业院校需要在实践现场与理论课课堂交叉安排教学活动。这使得职业教育的教学运行管理变得比普通教育的教学管理更复杂,在实际操作中要根据职业教育的特点,针对不同专业、课程性质等具体情况,作出不同的教学安排。因此,课堂教学、实践教学、学籍管理等教学运行管理环节情况复杂,要实现理论课与实践环节的顺利对接,必须提前做好大量的协调工作,既要协调学校内各部门的教学资源(实验室、实习基地、师资等)的内部关系,还要建立与校外实习基地长期稳定的合作关系。

2. 动态性

职业教育与经济社会发展的联系非常紧密,一些外部环境因素的变化,如区域产业、行业结构和劳动力市场出现的结构性调整,都必将引起其教学运行方面的连锁反应。因此,职业教育的教学运行具有很强的动态性,其管理的模式和方法要有很强的灵活性,动态地适应教学活动形态的变化。这就要求教学管理人员要有敏锐的洞察力,对教学管理工作作前瞻性思考,对有关教学方面的制度、法规、教学计划、教学基本条件等的变化及社会、地方经济的发展，要及时获知，并追问变化与教学运行之间的本质联系，使之在工作中得以准确反映。同时，职业教育教学运行的动态性也要求学校的管理重心要下移，要善于授权，把一部分权力下放到基层教学实体，把权责有机统一起来，发挥系（部）、专业的主观能动性，形成一种全员参与、全程监控的教学运行管理局面。

（二）职业教育教学运行管理的主要内容

1.专业教学方案的制定

（1）专业教学方案的作用和基本结构

专业教学方案是指导和管理职业院校教学工作的主要依据，是保证教学质量和人才培养规格的纲领性教学文件。专业教学方案分专业示范性教学方案和专业实施性教学方案两类。专业示范性教学方案由教育部、全国行业职业教育教学指导委员会、省级教育行政部门制定和颁发；专业实施性教学方案由学校按照教育行政部门的规定，根据当地经济和社会发展对人才规格的要求组织制定。

专业教学方案包括专业名称、招生对象与学制、培养目标与规格（含人才规格、职业范围、知识结构、能力结构及要求）、教学活动时间分配表、教学内容及教学要求、课程设置与教学时间安排表、必修课教材等内容。各部分内容均应采用简明扼要的文字描述或表格形式编制。各专业实施性教学方案的制定应当由学校教务部门组织拟定，教务工作会议（或专业建设委员会）讨论通过，教学副校长和校长审定，报主管教育行政部门备案后执行。

（2）专业教学方案制定的基本步骤

专业教学方案的制定过程既要遵循职业教育适应社会发展需求的规律，也要遵循专业技能人才培养的规律。专业教学方案的制定一般要经过以下步骤：

①深入调研，准确定位，体现地方特色

职业教育的人才培养原则是以职业能力为本位，以就业为导向，将满足企业的工作需求作为课程开发的出发点。因此，职业院校应采取主动出击的战略，深入行业、企业进行调研，走访毕业生，关注当地人才市场上的招聘信息，并组织专业教师对获取的信息进行分析研究，找出适合学生的岗位群，以及这些岗位群所要求的知识、技能和态度，最终形成调研报告。调研结果出来后，应邀请相关企业与用人单位、校企合作单位以及地方专业指导委员会一起进行审核，确保专业人才培养定位准确，据此定出的教学方案能培养出符合地方经济发展的技能型人才。

②以工作任务为中心，对课程进行开发与设计

职业教育的课程体系是以工作任务为中心，以岗位职业能力的形成来确定教学内容。目前，职业院校各专业所面向的行业岗位群涵盖范围广且各具特点，既有侧重操作技能的岗位又有理论和技能并重的岗位，这直接造成了知识、技能的多样性与课程的有限性的矛盾。解决这一矛盾的有效途径是对课程进行模块化设计，即把专业所面对的岗位群上的工作任务进行分类，整理成任务目录，每个子任务目录反映的是具有一定共性的岗位需求；以工作任务为中心展开对应模块课程设计，以完成岗位任务的需要来确定讲授的知识和技术。各子任务的工作性质决定了其会有多少、大小、简繁等不同特点。例如，"计算机网络"模块的课程涉及的理论及操作内容均较多，所需的课时也多，可作为一个大模块，分几门课程相对集中在一段时间内开设，使学生能集中精力突破技术难关。而"办公软件的应用"模块的课程仅涉及办公室常用的几个软件，又有许多共性，一门课程足矣，此模块就可小巧些。所有模块课程都设置好后，总课时通常会超过学生的在校时间。因此，职业院校完全可让学生根据自己的兴趣及职业生涯设计来选择某个具体的模块进行学习。

③选择具有鲜明职业教育特色的创新教材

教材是教师进行课堂教学的重要载体和主要依据，是学生获取知识、发展能力的重要渠道。因此，职业院校应重视选择具有鲜明职业教育特色的创新教材。

A.看教材的组织形式。可通过目录了解教材是否以项目为主线，以完成项目需解决的各项任务为单元，来引入所需的文化基础、专业知识和操作技术的介绍。不再选用以学科为体系的教材。

B.看教材的写法与呈现方式。是否顾及学生的认知规律及接受能力，做到图文并茂，深入浅出，易懂好学，如有配套的多媒体课件、视频则更好。

C.看教学理念。能否注重引导学生掌握做事的方法，如让学生知道一个项目是怎么开始的，怎么分解、分环节的，怎么跟进的，怎么合作的，怎么测试的，会遇到哪些问题及对应的解决办法。

D.看知识点的选取。是否突出了"新"（新技术、新工艺）、"实"（实际、重应

用）、"专"（深入行业、重规范）。

E.看技能点的选取。是否直接面向岗位的实际需求，是否能够提高学生的职业能力和职业素养。

④明确教学方案的实施保障

专业教学方案的有效实施需要有充足的教学条件作为保障。主要有以下几点内容：

A.教学设备设施。教学设备设施主要包括教室，实验、实训、实习设备设施，信息化教学设备设施，图书馆（室），体育场（馆）等。作为职业院校来说，特别要注重实验、实训、实习设备设施的建设。

B.师资队伍。教师要具备相应的学历，具有教师资格证书，了解职业教育的教学规律，掌握职业教育的教学方法和教学技能，具备教学研究能力。文化课教师应了解任教专业的培养目标和基本知识；专业课教师要跟踪了解行业、企业、专业的发展态势，掌握专业技能，取得相应的职业资格证书，能进行理论和实践一体化教学；实习指导教师应取得相应的职业资格证书，掌握专业实践教学技能。

C.教学内容。教师要采用具有企业真实背景的案例来开展教学，使学生能够体验完整的工作过程，在做中掌握相关的必备知识，增强其动手能力。企业项目案例库的建设将为教师备课提供来自企业的项目资料，有利于缩短教学过程与企业生产实际的距离。

2.课程标准的制定

课程标准是执行人才培养方案、实现人才培养目标的纲领性文件，是编写和选用教材、评估和检查教学质量的主要依据。课程标准实际上包含三个层次，即国家层面课程标准、专业大类课程标准和学校具体某门课程的课程标准。

（1）课程标准的内容

一个专业中某门课程的课程标准应该包含五个部分的内容，即前言、课程目标、课程内容和要求、实施建议，以及其他说明。

①前言。前言包括课程的性质和设计思路。课程性质是指该课程的地位和主要功能以及与其他课程的关系；设计思路则要阐明该课程的设置依据、课程目标的定位、课程内容的选择、项目设计思路、学习程度和课程的学时学分。

②课程目标。课程目标即对知识技能的要求进行整体描述，并对职业能力培养目标进行阐述。

③课程内容和要求。根据专业课程目标和涵盖的工作任务要求，确定课程内容和要求，说明学生应获得的知识技能与态度。

④教学条件和实施建议。对教材编写和选用、教学条件、课程资源和教学评价等要求进行说明。

⑤其他说明。

（2）课程标准的制定原则

①职业性原则

职业院校应针对现有的课程目标和内容与行业对人才能力要求的不相适应的问题进行改革，与企业、行业紧密合作，将职业标准要求的基本知识与技能以及行业科技发展前沿的新知识与新技术融入课程标准，以适应培养贴近职业实际要求的应用型人才的需要，使课程目标和内容不是被动地适应职业的要求而是具有主动性和超越性，并体现职业教育的职业性。

②适用性原则

制定职业课程标准应以我国职业教育法律、法规为依据，从职业教育的实际情况出发，客观反映现阶段职业教育课程发展水平和教育目标对课程的要求。职业院校应在充分考虑经济发展、科技进步和产业结构调整变化对职业教育课程影响的基础上，对课程的目标、内容、基本要求和考核标准作出明确规定，使课程标准更具适用性。

③灵活性原则

制定课程标准是为了规范教学，使教学有章可循，促进教学质量的提高。但是，职业教育课程与区域经济、政治、科技发展及其所带来的劳动力市场变化密切相关，因此职业院校制定课程标准要与时俱进，及时更新调整。

④创新性原则

职业教育应贯彻现代职业教育理念，注重基础，发展能力，满足受教育者就业、谋职、职业发展、个体职业生涯的需求，提高他们的社会适应性和创造性。因此，职业院校应按照教育规律，将国家职业标准和相关行业标准进行创新性有机整合，形成具有职业教育特色的课程标准。

3.课堂教学环节的组织管理

职业教育的教学大体可分为理论教学与实践教学两大类，其中理论教学以传授文化和专业理论知识为主，一般通过课堂教学形式进行。因此，课堂教学环节的组织管理是职业教育教学运行管理的基本环节。其主要涉及以下几个方面内容：

（1）教学任务的下达

教务处按照教学计划确定教学任务并下达给专业教研室，由教研室确定任课教师，填写课程安排表。此项工作要注意统筹安排，科学规划，优化分配教学任务，保证教学质量。

（2）教师授课计划的制订

授课计划是根据课程标准，结合课程计划学时和学期周学时，对课程授课内容的进程和学时分配进行规划的一种教学文件，是保证课堂教学有序教学的重要依据。任课教师要根据课程内容的特点和学生认知规律制订授课计划，一般要在学期开学前完成，并交教务处、课程所在系（部）和授课班级留存。

（3）教师教学过程的管理

在课程教学实施过程中，课程所在系（部）负责对任课教师的备课、授课、答疑辅导、考核等环节进行管理。教务处或督导处要通过抽查学生作业和试卷、听课、学生座谈会等形式对教师教学工作进行经常性检查、督导；组织期初、期中、期末阶段教学检查，了解、收集、整理、分析各类教学信息，形成改进意见，督促、指导教师提高教学水平。

（4）教学效果的考核和分析

教务处既要提出课程考核的指导性意见，制定课程考核管理办法，确保考核的真实性和权威性，又要允许任课教师根据所授课程的特点，选择不同的考核方式，提高考核的实效性，真正发挥考核结果对学生学习效果的鉴定作用和对学生今后学习的促进作用。

4.实践教学的组织管理

实践教学不仅是学生加深对理论知识的理解、运用理论知识解决实际问题、培养创新能力的重要途径，同时也是学生接触社会、了解实际工作需要和掌握岗位工作技能，成为高技能型人才所必需的教学环节。实践教学在教学过程中占有十分重要的地位。

（1）实践教学组织管理的基本环节

①实践教学计划和教学大纲的制定

实践教学计划是根据各专业职业岗位、职业岗位群的培养目标组织实践教学工作并保证实践教学质量的基本文件,是组织实践教学过程、安排教学任务的基本依据。实践教学大纲是落实培养目标和实施实践教学计划的基本教学文件,是各门实践课程进行教学的依据。因此,职业院校要高度重视实践教学计划和教学大纲的制定工作,特别要确立贴近行业企业生产实际的指导思想,将职业技能标准纳入教学计划和教学大纲,并聘请生产、服务、管理一线的工作人员共同论证实践教学计划和教学大纲的科学性和可行性。

②实践教学过程的组织管理

实践教学过程的组织管理包括对实践教学前的准备、实践教学的组织与实施、实践报告(总结)的批改、实践课程考核等环节的组织管理。实践教学过程的组织管理是为了完成实践教学大纲中提出的教学目标和实现教学大纲所要求的各项内容而设计和维持的一种组织结构,是一个动态的过程。实践教学过程的组织管理的每一个阶段都是相互关联、相互影响的。其中,指导教师是实践教学过程组织管理的基层管理者。实践教学过程也就是教师指导和引导学生按计划执行的过程。指导教师是规范实践教学过程组织管理的重要因素,发挥着决定性的作用。

③实践教学质量监控的组织管理

教学质量监控就是根据预定的标准,对教学过程进行监测和调控,确保教学过程的各个阶段以及最终结果都能达到预期的目标,并且向好的方向发展。实践教学系统是一个多要素、多环节组成的复杂系统,对实践教学质量的监控必须有组织、有计划、有步骤地进行。职业院校要建立实践教学质量监控的有效机制。

(2)实践教学组织管理的主要内容

职业教育实践教学的组织管理主要包括对实验、实训、实习、毕业设计(论文)等实践教学环节的组织管理。

①实验的组织管理

实验是指在实验室通过设计来检验一个理论或证实一种假设而进行的一系列操作或活动,包括课程实验和独立开设的实验课程。实验对培养学生实事求是的科学思想、严谨认真的科学态度、追求真理的科学精神、一丝不苟的工作作风和工作方法等有着极其重要的作用。实验指导教师应根据课程标准编制实验教学大纲,编写实验指导书,制定实验安排表,并按照实验指导书先进行预备实验,然后再进行实验教学。实验结束后,指导教师要考核学生实验结果并进行实验总结。

②实训的组织管理

实训是为了熟练掌握某种技术或技能而在真实或仿真的环境中进行反复训练的活动过程，包括课程实训（含一体化教学）和独立开设的实训课程。实训是职业教育实践教学的特色所在，是专业关键技术集成和强化训练的重要环节，对培养、提高学生的专业技能和职业素养有着不可替代的作用。实训环节应根据专业教学计划制定实训大纲，确定实训项目；要落实实训经费、场地及实训过程的组织；在实训后期对学生进行实训考核，评定成绩；实训结束后应进行总结，并鼓励学生参加相关职业技能鉴定，努力考取相应证书。

③实习的组织管理

实习是指把学到的理论知识拿到实际工作中去应用，以锻炼工作能力的活动过程，包括认识实习、课程实习、顶岗实习、毕业（预就业学期）实习等方式。实习对学生认知工作实际，巩固专业知识，提高专业技能和形成良好的综合素质具有非常重要的作用。职业院校要加强与企业的合作，尽量将学生放到企业生产现场去实习，并建立健全的机制和制度，明确学校和企业在学生实习过程中的权利与责任，加强实习管理，提高实习效果。

④毕业设计（论文）的组织管理

毕业设计（论文）是职业教育教学工作的重要组成部分，是培养学生综合运用所学知识，分析和解决实际问题，锻炼创造能力、分析能力、管理能力、科研能力及独立工作能力的实践环节，是实践检验理论的过程。学校应根据培养目标和培养计划出台毕业设计（论文）的指导性意见；要做好毕业设计（论文）的指导、答辩和考核。

5.学籍管理

学籍管理是教学运行管理的重要环节，是维护教学秩序，保证人才培养质量的重要手段。

（1）学籍管理的内容

学籍管理主要涉及入学与注册、考核与成绩记载、转专业与转学、休学与复学、退学、毕业、结业与肄业等环节。职业院校应充分考虑职业教育本身的特点，制定本校的学籍管理制度，努力提高学籍管理的科学性和实效性。

（2）学分制下做好学籍管理的建议

①保证学籍管理制度的科学性和可行性

学籍管理应符合教育规律，要针对学分制的特点，将其内在的本质内容衔接起来，便于实施，易于操作。随着学分制的实施，学籍管理工作变得越来越复杂。做好学籍管理工作，除了提高管理人员素质，实行科学管理外，还应充分利用计算机等现代化手段来提高学籍管理的效率和准确性以及公平公正性，为顺利实施学分制和提高教学质量提供可靠的保障。

②坚持学籍管理中的原则性与灵活性

学分制下的学籍管理办法应充分体现原则性与灵活性。例如，国家规定不能免修、免听的课程，就一律不得免修或免听；如果学生通过自学掌握了课程内容，课程考核成绩合格并办理了免修、免听手续，即可取得该课程学分；如果学生在选课时出现听课时间相互冲突的情况，经本人申请，按程序审批后可以免听或部分免听，但每学期免听课程的总学分不得超过规定学分。此外，为鼓励学生参加科研活动，可规定参加省级以上科技及人文艺术等大赛并获奖的学生，均可向所在系（部）申报学分，该学分可代替任意选修课程学分，也可作为第二课堂学分。

③处理好学籍管理中的奖与惩

学分制下学籍管理的实施，并不意味着放松对学生的管理和降低教学质量的标准。学生纪律松懈就不会有好的学风，学校也就培养不出高质量的人才。对违反学籍管理规定的学生必须处分，但不能采用以前那种处分有余、激励不足的"管、卡、压"模式。

6.教学设施管理

教学设施管理要做好两项工作：一是建好，即根据学校人才培养目标和总体发展规划，研究制定教学设施建设的专项规划，做好教室、实训室、实训基地等教学设施的设计和建设；二是用好，即建立健全教学设施管理的机制和制度，明确校与系（部）之间的职权划分，实现教学设施的合理配置，提高使用效益并做好教学设施的维护与维修，为教学提供良好的物质条件。

学分制的推行对学校教学设施管理工作提出了更高的要求，需要丰富的教学资源以及便捷、灵活、高效的管理方式，学校要将先进实用的信息化管理手段引入教学设施管理。

7.教学档案管理

教学档案是指学校在教学管理、教学实践和教学研究等活动中直接形成的具有保存价值的各种文字、图表、声像等不同形式、不同载体的文件材料。

（1）教学档案管理的范围与要求

各级教学管理部门都要建立教学档案。根据我国学校教学档案管理的相关规定和职业院校的实际，职业院校教务处和各系（部）教学档案管理的范围分别如下：

①教务处的教学档案管理范围

A.上级教育主管部门下达的指令性、指导性文件、计划、规定及各种规章制度、办法等。

B.综合性教学文件材料。本部门产生与制定的各种教学制度、规定、办法、条例，教师与实训（实验）技术人员基本情况及工作量和教学工作的各种统计表等。

C.专业建设、课程建设等方面的材料。包括有关专业设置、规划、建设、评估、教改方案、总结等；人才培养方案、教学计划、教学大纲、课程标准、教师任课安排、各类课程表、各系（部）各专业教材（含自编教材）使用目录；教材征订申请表、征订材料、教材清单、教材建设材料；各系（部）课程的试题库、试卷库等。

D.学籍管理方面的材料。包括学生名册、成绩、学籍及有关变更材料等。

E.教学质量监控材料。评教评学等教学信息反馈材料及分析、总结材料，教学检查资料，教学座谈会记录、教学纪律、教学调度方面的材料等。

F.教育教学研究方面的材料。包括有关教学质量及教学改革的研讨、经验、计划、总结及调查表等材料；教育科研课题和教学改革项目立项、验收等有关材料；优秀教学成果奖评定的有关材料等。

G.实践教学方面的材料。包括实训（实验）教学大纲、计划、课表、指导书，实习（包括基础训练、认识实习、生产实习、专业训练、毕业实习）计划、大纲、指导书、讲义，院外实习协议书，课程设计，毕业设计，实训（实验）室及实习基地建设规划、论证、评估及各实践教学环节的总结和各类统计表等。

H.教学设备管理及维修方面的材料。包括设备购置计划、批复、合同、论证材料、账目、清单、卡片，报废计划、账目、清单，大型精密仪器及大中小型计算机档案，设备维修计划、账目，有关设备管理等方面的总结和统计报表等。

I.教学经费及教学设备购置费方面的材料。经费预算、决算、计划执行过程中产生的各种统计报表和总结等。

②专业系（部）的教学档案管理范围

A.上级与本系（部）有关的各种文件，如计划、规定、办法等。

B.本系（部）产生的各种文件、计划、规定、办法、总结及统计报表、人员考核等。

C.教研室（教学团队）产生的各类教学材料。包括人才培养方案、大纲或课程标准、教学改革方案，教学与实训（实验）授课计划、教案、试题库、试卷库，有关实践教学（包括实习、课程设计、毕业设计）的计划、大纲、指导书、讲义、学生毕业设计（论文），自编教材，教研活动记录，有关教学的各种计划、经验总结、考核、质量分析、情况调查及统计表等。

D.实训（实验）室产生的各类教学材料。包括实训（实验）教学计划、课表、教学或实训（实验）大纲、教材或实训（实验）指导书，实训（实验）卡片，实训（实验）报告、设备运行记录、维修记录，实训（实验）室建设规划，实训（实验）日志，有关实训（实验）教学的各种考核、质量分析、总结、统计报表等。

E.仪器设备的固定资产账、物、卡、档案，低值耐用品及低值易耗品账目管理，仪器设备维修记录等。

教学档案应实行分级管理，档案的分类、编号、装订、保管期限，以及查阅、摘录、复制等要按国家和学校的档案工作有关管理规定执行。此外，教学档案管理应实现计算机规范化管理，充分发挥教学档案的作用。

（2）教学档案管理的方法与建议

各学校应根据国家学校教学档案管理的总体要求，逐渐建立健全适用本校的教学档案工作管理制度，使档案管理能够做到按章办事、按规操作。

教学档案必须做到"三纳入""四同步"的管理原则。"三纳入"，即纳入教学计划和规划，纳入教学管理制度，纳入有关人员的职责范围，作为考核教学质量和管理水平的标准。"四同步"，即下达教学任务与教学文件材料的归档同步，检查教学工作与检查教学文件材料形成积累情况同步，评审、鉴定教学质量、教材、毕业论文、优秀教学成果与审查、验收档案材料同步，毕业分配、上报评审材料、教师考核晋升与档案部门出具档案证明同步。

（3）教学档案的档号编制方法与保存期限

档号是存取档案的代号，是档案排架的依据，必须反映学校档案的分类体系和存放位置。档号的编制必须遵循唯一性、合理性和稳定性的原则，学校档案不能出现重号的现象，应有充分扩展的余地，方便插卷，能适应计算机管理的需要，能发挥排架、检索、存取的功能。

二、职业教育课程管理

课程是职业院校进行人才培养的最终载体，课程本身的质量直接决定着人才培养质量的高低。因此，课程管理是职业教育教学管理中的核心内容之一。

（一）课程管理的内涵

课程管理是课程管理组织及其人员运用一定的管理手段，对课程编制、课程实施、课程评价等活动以及与这些活动有关的课程文件和课程资料进行规划、组织、协调、指挥和控制的活动。它是教育行政管理的一个重要组成部分，也是学校管理的一个重要组成部分。其基本任务在于有效地组织、协调课程系统中人流、物流、信息流与课程建设的关系，正确地领导、指挥课程编制、课程实施、课程评价，并通过部署、组织、督促、检查等一系列管理活动达到预定的课程目标。

（二）课程管理的基本环节

1. 课程编制的管理

课程编制是指依据一定的课程理论，对学校课程进行分析、选择、设计、实验、评价的过程。课程的各组成部分，如课程计划、课程标准和教材编写，都是经课程编制而产生的。课程编制是一项复杂的工作，会受到多种因素的影响和制约。因此，做好课程管理工作对保证课程编制的质量具有重要意义。

（1）做好课程计划制订工作的管理

课程计划主要由课程目标、课程设置及说明、课时安排、课程开设顺序和时间分配、考试考查制度和实施要求几个部分构成。在我国当前全面推进素质教育的时代背景下，管理者应要求课程计划编制者在指导思想上以学生的创新精神和实践能力的培养为根本目标，增强课程设置的灵活性，给学生更多的时间和空间，让其自主地参与学习。

（2）做好课程标准制定工作的管理

课程标准又称教学大纲，是单科课程的总体规划。它既是教师教学的指南，也是编写教科书、测量和评价教学质量的基本标准。管理者要促使课程标准制定者注意以下几个方面：

①深入用人单位调研，了解岗位能力需求，进而确定本课程的基础知识、基本技能以及有关的思想价值观念、情感态度等。

②要研究学生学习本课程的心理准备和心理特点，探寻本课程知识结构与学生认知结构结合的最佳方式。

③根据培养目标，分析本课程与其他课程的关系，摆正本课程在课程体系中的地位。

④确定工学结合的基本途径、实施条件和保障机制，确保学生学习的理论知识能够联系实际，切实提高其职业素养和技能水平。

（3）做好教材编写工作的管理

教材是使学生掌握各种科学概念、原理和法则等所必需的事实、现象和素材，是学生发展的媒介。教材编写的好坏直接影响师生的使用和学生的发展水平。因此，教材编写必须坚持科学性和思想性的统一，科学性使教材中的知识具有真理性，思想性保证了教材对学生有良好的道德教育和思想政治教育价值；坚持趣味性与启发性的统一，趣味性有助于学生主动学习，启发性有助于学生创造性精神的培养；坚持统一性与多样性的统一，统一性可使教材有基本的质量保证以及各种配套材料，多样性是要求教材类型、教材编写形式多样化，适合不同学科、不同教学内容、不同学生使用。

2.课程实施的管理

课程计划、课程标准、教材只是预期的或理想的课程，只有通过课程的实施才能变成现实的课程，才能促进学生的发展。具体地说，就是根据课程计划、课程标准选定教材，把课程中蕴含的知识、态度、情感、方法、价值观等传递给学生。在这个过程中，教育行政人员、教师、学生、家长等都是重要的能动因素，其中教师、学生是最重要的因素。

在课程实施管理过程中,要考虑以下七个方面:

①安排课程表,明确各门课程的开设顺序和课时分配;

②确定并分析教学任务;

③研究学生的学习活动和个性特征,了解学生的学习风格;

④选择并确定与学生的学习风格和教学任务相适应的教学模式;

⑤对具体的教学单元和课程的类型与结构进行规划;

⑥组织并开展教学活动;

⑦评价教学活动的过程与结果,为下一轮的课程实施提供反馈性信息,以便作出改进。

3.课程评价的管理

课程评价就是对整个课程系统即课程计划、课程标准、教材及其实施过程、结果所进行的评价活动,以期对已有的课程编制和实施过程进行反馈,从而为新一轮的课程编制和实施提供修正和完善的事实依据。

课程评价包括对课程计划及其结果的评价、课程实施过程及其结果的评价、课程整个系统的评价。对课程计划及其结果的评价主要包括以下几项工作:①对确定的课程计划是否依照科学的原理、原则,是否有正确的课程理论作指导,是否遵循了合理的程序,参加人员是否合适,制定好的课程计划、课程标准、教材和各种活动指导书与最初确定的教育目标、课程目标是否吻合;②对课程实施过程及其结果的评价工作主要包括课程表、教学任务、学习方法、学习风格、教学组织形式、师生关系、教风、学风、教学设备等是否适应课程规划的要求,学生的学习结果和发展水平是否达到了预期的教育效果,又有哪些非预期的教育效果等;③对课程整个系统的评价是对整个学校的课程系统进行全面的评价,其着眼点在于确定学校课程是否符合教育目的和办学方针,是否适应国家和地区社会发展的需要。课程管理者要对以上课程评价的内容进行指导、监督,并做好评价信息的收集、整理、分析和反馈工作。

(三)建立三级管理体制

职业教育课程管理应建立三级管理体制并明确各级的管理范围、权限和责任。

1.国家层面的职业教育课程管理

国家层面的职业教育课程管理主要指在制定职业教育课程政策、课程框架、大类专业课程的指导方案、课程标准、主干专业课的教材等宏观方面的指导和监督。职业教育的国家课程由教育部牵头，组织优秀专家，在充分听取经济界、企业界的建议和借鉴国内外职业教育优秀课程的基础上编制而成，并通过相关的法规向全国颁布。其主要内容包括其在教育计划中的比例、课程数量、课程名称和相应知识点以及考试大纲。

2.地方层面的职业教育课程管理

地方层面的职业教育课程管理主要由省级教育行政部门和市（州）、县（市、区）级教育行政部门实施。根据职业教育专业变化快、地域性强等特点，职业教育的课程管理和开发应该强调以省为主。职业教育专业课程标准与专业设备配备标准等应主要由各省单独制定。省级教育行政部门的主要权限与职责是依据国家职业教育课程管理政策和本地实际情况，制订本省职业教育课程实施计划；根据需要，单独制订本省（自治区、直辖市）范围内使用的职业教育课程计划和课程标准；制定本省职业教育课程管理和开发的法规、政策和制度等；组织审定和批准、推荐本省范围内使用的职业教育教材；组织本省职业教育课程开发与实施的研究、试验、总结与推广。市（州）、县（市、区）教育行政部门，对本地区职业教育课程管理与开发的主要权限与职责是根据国家和省的课程计划，制定本地区具体的职业教育课程实施方案；经省级教育行政部门批准，独立规划和开发本地区的地方课程；组织和指导本地区学校的课程实施，并进行检查和评价；组织和指导本地区职业院校校本课程的规划、开发与实施；指导本地区学校根据国家和本省职业教育教学用书目录，选用教材。

3.学校层面的职业教育课程管理

学校层面的职业教育课程管理主要指职业院校根据上级教育行政部门有关规定，对国家课程和地方课程进行二次开发，按照用人单位要求和学生需求自主开发校本课程。由于国家和地方的职业教育课程管理制度尚不完善，而且职业教育的特殊性也决定了国家和地方教育部门不宜制定过于详细的课程管理制度，因此职业院校应更多地实行自主的课程管理与开发。

（四）职业教育课程管理的策略

1.课程管理理念科学化

职业院校为什么要进行课程管理？其实，课程管理理念的提出是伴随着教学论概念系统向课程论概念系统的转换而出现的。在教学论概念系统下，教学管理的目的是保证预设的课程有效实施，它更多的是关注微观教学层面，如教师的教案设计、教学方法的选择、课堂组织模式等。但是在课程论概念系统下，课程管理的目的不仅仅局限在课程实施的层面，而是对于课程管理目的的思考，必须站在职业院校的视角和维度来回答。一方面，学校参与课程管理可以保障学校课程编制、实施、评价等过程有序运行；另一方面，学校课程管理理念的树立可以说明学校在追求自身发展的特色。

2.课程管理计划具体化

对于职业院校课程管理行为的研究如果仅仅停留在宏观理念的层面上，则课程管理很难在学校课程建设中发挥作用。学校必须明确课程管理要管什么，具体应该做哪些事情，这样才能深入实际层面切实指导学校的课程建设。第一，从课程开发活动层面来看，职业院校课程管理涉及学校课程理念的管理、学校课程开发审议方案的管理、学校课程开发机制和程序的管理、课程设置的管理，以及教师在各个环节参与课程开发活动的管理。第二，从课程运行活动层面来看，职业院校课程管理包括学校课程实施资源的管理、教师实施新课程的理念管理和教师实施新课程的方案管理等。第三，从课程评价活动层面来看，职业院校课程管理包括参与课程评价的主体是否全面，学校课程评价对象是否正确（课程评价是评学生、评教师，还是评课程），课程评价的目的是什么等。课程管理只有具体化为可以操作的任务，才能真正在学校课程建设中切实发挥作用。

3.课程管理主体多元化

第一，职业院校应该吸收企业专家和课程专家参与课程管理。企业专家参与课程管理能够保证课程的内容和编排贴近生产实际；课程专家参与课程管理能够保证学校和教师领会课程改革的理念。要想将课程改革理念转化为学校和教师的课程理念，企业专家和课程专家发挥着极其重要的作用。同时，职业院校课程管理过程也需要课程专家的指导。比如，课程开发过程中课程计划的制订是否可行等。第二，学校领导是课程管理的领导者。学校领导要制定课程管理的宏观方案，特别是学校课程资源的管理。第三，学校教师是课程管理的主体。无论是课程开发活动中课程的设置、教材的编写等环节，还是课程运行活动中新课程模式的实施，以及对于课程的评价等都需要教师的参与。第四，课程管理还要吸收学生和家长的参与，因为他们是学校课程实施的直接对象。

4.课程管理手段多样化

第一,要改变单一的行政指令式管理模式,将行政领导与专业引领相结合,增加课程管理的民主性与科学性。第二,要凸显课程管理的服务功能,充分利用现代信息技术,开发"课程改革信息与服务平台",为课程决策及课程改革服务。职业院校还应有计划地研制一系列对学校课程改革具有指导意义的课程文件(如"课程管理与开发指南""课程资源开发指南""课程开发人员培训手册"等)。第三,要恰当运用经济和市场手段,如通过经费资助引导系(部)进行新课程改革和新课程开发等。

三、职业教育教学质量管理

为国家经济社会发展培养高素质的技术应用型人才是职业院校的重要任务。人才培养的质量关系到职业院校的生存与发展,也关系到国家经济社会发展能否得到有力的技术人才支持,而教学质量是决定职业院校人才培养质量的关键因素。因此,在职业院校人才培养工作中,教学质量管理工作具有非常重要的意义。

(一)确立具有职业教育特色的教学质量观

质量问题实质上是一个价值判断的问题,不同的评价主体根据的评价标准不同就会对评价对象作出不同的评价。教学质量观是人们判断教学过程和结果质量所持的准则或观点。在教学质量管理工作中,管理者所持的教学质量观将决定质量管理工作的方向。职业教育作为一种教育类型,在人才培养目标、办学条件、教学内容和教学方法上与普通教育有着质的区别。

1.能力本位

我国职业教育人才培养的目标是为生产、建设、管理、服务一线输送技能型人才,此类人才的本质特征是具有很强的实际操作能力,而实际操作能力的养成主要是通过实践教学,即通过工学结合,如生产性实训等方式提升学生的实际操作能力。理论教学应该以"必需"和"够用"为度,不能与实践教学相脱节,要为实践教学服务,即理论教学与实践教学有机结合,突出实践教学,使学生既具有高超的实际操作能力,又具有良好的职业道德和较强的可持续发展能力。

2.特色鲜明

特色是某一事物与其他事物区别开来的本质特征。以地方经济发展为依托，根据地方产业行业发展的人才需求培养技能型人才，为地方经济发展服务是职业教育发展的必由之路。因此，职业教育具有很强的地方性和行业性，这是职业教育区别于普通教育的本质特征。职业教育教学活动的特色也必然体现在其地方性和行业性特征上。职业院校只有根据所处地方的产业行业发展对技能型人才的规模和规格的要求，以及本校的师资、实训等办学条件，调整专业结构，优化人才培养模式，开展课程体系与教学内容改革，才能凸显本校教学的特色，进而为地方经济发展培养适用的技能型人才。

3.多元

各职业院校由于具体的人才培养目标、办学条件、师资力量和生源质量的不同，必然在办学主体、培养模式、学制和专业及课程设置上存在差异。因此，不能用统计的标准去评价不同职业院校的教学质量，要以多元的观念加以审视。当然，多元并不是完全否定共性，可以确定的是，无论是哪种职业院校，评价其教学质量的根本标准都是其教学活动实现其人才培养目标的程度。

4.动态

进入21世纪，突飞猛进的科技变革推动人类社会的产业结构、行业结构和技术结构不断变化。作为为社会经济发展培养技能型人才的一种教育类型，职业教育与经济发展联系非常紧密，其人才培养的目标和规格必将随产业结构、行业结构和技术结构的变化而变化。人才培养的目标和规格的变化也将使职业教育对人才培养模式、课程设置、教学内容和教学方法进行相应的调整。因此，职业教育的教学质量是一个动态的观念，不是静止、僵化的。这就要求我们不能以旧有的职业教育教学质量观来判断新的职业教育教学形态，而必须要与时俱进，树立新的职业教育教学质量观。

（二）职业教育教学质量管理的原则

1.内外结合

实践已经表明，仅仅依靠职业院校的师资、实训等办学资源，依靠学习书本知识，是难以培养职业院校学生的实用技能和技术应用能力的。要实现职业教育的培养目标，职业院校必须实行开门办学,开展校企合作,将企业的人力资源和设备资源充分利用到人才培养的过程之中。教学不仅局限在学校的教室,也可以到企业的车间去;授课的教师不单是学校的专任教师,还应该有企业生产一线的技术能手。同时,职业教育教学质量的提高离不开学生包括毕业生对教学工作的建议和意见,也离不开家长和社会各界的积极配合。可见,只有学校、在校学生和用人单位、毕业生、家长、社会各界内外两方面一起努力,才能造就具有良好职业道德、创新精神和实践能力的高素质技能型人才。因此,职业教育的教学质量管理应该建立以学校和在校学生为主体的内部管理系统,同时还应建立以用人单位、毕业生为主体,家长和社会各界参与的外部支持系统,双管齐下,推动职业教育教学质量的不断提高。

2. 持续创新

职业教育与社会经济发展联系紧密,而现代社会的产业结构、行业结构和技术结构正在不断调整,因此职业教育的政策环境、劳动力市场和办学条件也必然会发生变化。这必将带来职业教育专业结构、人才培养模式和目标、教学内容等方面的变化,相应的教学质量管理的模式和方法也需要改革、创新。

3. 全员参与

教学是一个复杂而系统的过程,需要学校的教学部门、教师、教学管理部门和后勤保障部门等通力合作才能保证教学目标的实现。因此,教学质量管理部门必须充分调动相关部门和人员的积极性和创造性,并将质量责任落实到每一位教师和员工,使大家都参与到人才培养和教学质量管理中来,进而有效提高教学质量。全员参与是指学校内部、外部人员和学校各级管理组织都要参与教学质量管理过程。学校要通过加强宣传,建立健全制度使各个部门、教学的各个环节,以及每个成员都增强质量意识,围绕培养高素质技能型人才这个共同目标,积极参与,严格把好各自的质量关,提高教学质量,提高人才培养质量。

4. 注重过程控制

第一,教学质量形成于过程。从专业计划的制订、课程体系和课程内容的设计到理论教学及实践教学的实施,以及考核、检查等教学情况的反馈,最后到社会的综合反馈,这些环节构成了一个教学管理过程,教育质量就是在这个过程中逐步形成的。只要控制好每一个环节,就能最终保证教学质量。第二,注重过程控制可以提高教学效益。相同的教学成果的成本可能是不同的。因此，教学质量管理要注重教学过程的最优化和教学资源配置的最优化，不断降低教学成本。

5.以就业为导向

以服务为宗旨，以就业为导向是我国职业教育发展的大方向。职业教育在很大程度上是一种就业教育。毕业生的就业率是评估职业教育教学质量的重要指标。因此，职业院校在教学质量管理中，要关注区域经济发展的要求，根据各专业人才培养规模的变化、就业状况和供求情况，主动适应区域、行业经济和社会发展的需要，根据学校的办学条件，调控与优化专业结构布局，创新培养模式；要积极与行业企业合作开发课程，根据技术领域和职业岗位（群）的任职要求，参照相关的职业资格标准，改革课程体系和教学内容；要建立突出职业能力培养的课程标准，规范课程教学的基本要求，提高课程教学质量；要改革教学方法和手段，融"教、学、做"为一体，强化学生能力的培养，提高毕业生质量，努力实现高就业率。

（三）职业教育教学质量管理的对象

1.教师教学工作质量

教师教学工作质量包括师德师风、职业教育观念、教学效果、教研能力等方面的状况。

2.学生学习质量

学生学习质量包括思想道德水平、公共文化基础、专业知识和技能以及自我学习、与人交往、心理调适等方面的状况。

3.教学资源质量

教学资源质量包括教室、实训场地和设备、教材、图书资料等满足教学需要的状况。

4.教学组织和管理质量

教学组织和管理质量包括人才培养方案、课程标准、课程安排表的科学性，课堂教学和实践教学环节的组织和管理的科学性，教学评价的组织和管理的科学性、有效性等。

（四）职业院校教学质量管理的组织架构

从学校这一层面看，职业教育教学质量管理应该建立"学校—系（部）"的二级组织架构。

1.校级教学质量管理委员会

校级教学质量管理委员会是学校教学质量管理工作的最高决策机构，负责审议并发布教学质量管理的相关规章制度和专项计划，并对执行情况进行监督；负责重大奖惩事项的决策等。该委员会的人员构成应该具有广泛的代表性，要由学校领导、一线教师、教学管理人员、用人单位的技术工人或管理者等人员组成。委员会要有章程和工作制度，确定例会和各项工作程序等，以确保科学、高效地发挥其职能。各学校也可以根据实际情况不单独设立教学质量管理委员会，而将其职能纳入学校教学工作委员会的职能。

2.学校教学质量管理办公室

学校教学质量管理办公室是校级教学质量管理委员会的执行机构，负责执行校级教学质量管理委员会审议通过的相关规章制度和专项计划，负责教学质量信息的收集、整理、分析和反馈。该办公室的建制各学校可按具体情况设定，有的学校将其以中层机构独立设置，有的学校将其设为教务处的一个科室，有的学校将其列为高教研究室的一项职能。但要明确的是，该办公室必须是一个常设机构，独立工作，有专人负责，以保证教学质量管理的常态化、制度化和规范化。

3.系（部）教学质量管理机构

系（部）可建立教学质量管理小组来负责本系（部）的教学质量管理工作。组长由系（部）主任或分管教科研的副主任担任，或由具有高级职称和具有丰富教学经验的教师担任；成员由系（部）领导、教研室主任和具有丰富教学经验的教师（含专职外聘教师）组成。系（部）教学质量管理小组的主要职责是负责本系（部）教学质量管理的具体工作；负责收集、整理、反馈本系（部）教学质量的有关信息，并及时向学校教学质量管理办公室反馈教学质量管理工作的建议等。

（五）职业教育教学质量管理的制度建设

职业教育教学质量管理工作要想走向规范化、科学化，各职业院校就要根据本校的实际制定并不断完善相关的管理制度。实践证明，教学质量高、人才培养工作成果突出的职业院校，其教学质量管理的制度都是比较健全和科学的。

1.听课制度

学院负责教学工作的各级领导定期深入课堂听课，包括实验、实训和实习课，从而了解教师教学与学生学习的情况，及时解决存在的问题。

2.教学督导员制度

选聘若干名热爱教育事业、有丰富教学经验、工作认真负责，并具有副高以上职称的教师担任学校的教学督导员，进行日常的教学督导工作，包括听课、抽查、评估、调研、分析、提出意见和建议、总结与反馈等工作。

3.学生教学质量信息员制度

学生教学质量信息员协助教学督导组和系（部）进行课堂教学信息的收集、整理、汇总，及时填写学生教学质量信息员反馈信息表，及时、客观地向教学督导组和系（部）反馈教学信息，遇有重大情况或突发事件的信息应立即向系（部）领导和督导处反映，以便主管领导及时进行处理。

4.教学检查制度

学校每学期应按时进行期初、期中、期末教学检查。教学检查工作由学校、系（部）两级同时进行，但应以系（部）检查为主。

5.教学质量评估制度

教学质量评估制度主要通过建立教学质量评估系统执行，包括三项工作：教学管理工作质量评估、教师教学质量评估、学生学业质量评估。

（1）教学管理工作质量评估

教学管理工作质量评估主要包括四个方面：校级教学管理水平评估、教学职能与业务部门的教学管理水平评估、系（部）教学工作评估、教研室组织管理水平评估。其中，校级教学管理水平评估主要按照教育部有关规定，对全校的教学水平进行自我评估；教学职能与业务部门的教学管理水平评估，每五年进行一次，在评估周期内分期完成；系（部）教学工作评估主要包括专业评估和课程评估，每三年进行一次，作为评选精品专业、精品课程的重要参考依据；教研室组织管理水平评估，每三年进行一次，评估结果作为评选优秀教研室和教研室主任工作绩效评价的重要参考依据。

（2）教师教学质量评估

教师教学质量评估由学生评价、教研室同行评价、系（部）领导评价、教务处及教学督导组评价等方面组成。每学期进行一次，由各系（部）参照学校制定的评估指标体系，结合本专业特点具体组织实施，将评估结果报教务处，并归入教师业务档案。

（3）学生学业质量评估

学生学业质量评估由教务处与有关系（部）组织完成，主要包括建立考试题库、组织课程结业考试、进行平时考查（测验、平时作业等）、考核实践教学环节（包括实验、实训、实习、课程设计、毕业设计等）。

6.毕业生跟踪调查制度

毕业生质量是职业院校人才培养质量的体现。毕业生跟踪调查可以准确了解毕业生走上工作岗位之后的表现，从而反映学校教学质量的高低，从中获取毕业生和用人单位对学校教学工作的意见和建议，这对职业院校改进教学工作、提高人才培养质量有着深远意义。因此，制定毕业生跟踪调查制度，以实现此项工作的规范化和制度化是非常必要的。

毕业生跟踪调查制度要规定跟踪调查工作的负责部门、调查内容及各环节工作要求等。此项工作一般由学生工作部门或毕业生就业指导中心负责。调查内容主要有：用人单位对毕业生的总体评价，包括思想政治素质、心理与文化素质、专业素质和综合能力等；毕业生自评；用人单位和毕业生对学校教学工作的意见和建议等。调查的方法一般采用问卷调查法和实地访谈法。调查部门要组织人员对获取的信息进行统计、分析和总结，并将意见和建议反馈给教学管理部门、相关专业和教师，确保意见和建议得以落实。

第三节　职业教育科研管理

职业教育科研管理涉及东西部地区的职业院校在科研项目上的合作，如共同申请科研课题、共建研发平台、共享科研成果等。这样的合作不仅可以提升西部地区的科研能力和技术水平，还能促进东部地区的技术向西部地区转移，加速西部地区产业升级和技术进步。

一、职业教育科研管理概述

科研管理，从宏观上看，包括了国家组织和管理科学技术的一套机构、制度、方法和方式；从微观上看，仅指部门或单位的科研管理。职业教育科研管理，其微观含义为在职业院校内进行的，遵循科学技术和职业教育发展规律以及管理学原理，为实现既定目标，通过科研过程的各个环节对科研活动中的人、财、物、时间、信息和效果进行计划、组织、控制、总结的一种组织活动。它既肩负着宣传科学研究意识，组织新项目立项和实施的任务，又为建设具有创造力的科研队伍、科研机构提供各种支持。因此，职业教育科研管理工作直接影响着职业院校的科研水平。

（一）职业教育科研管理的特点

根据职业教育自身的特性，针对职业教育科研管理存在的问题，职业教育科研管理工作具有以下几个特点：

1.中介性

职业院校的科研管理是在学校行政管理的领导下，承担科研工作的管理与统筹。这决定了职业教育科研管理既要下涉微观，直接服务于科研项目、科研人员，又要上承宏观，担负着本校科研工作的宏观规划和发展方向的把握。同时，还起着贯彻落实各项管理制度、各项研究任务的重要作用。

2.层次性

职业教育专业设置繁杂，专业教学内容繁多，教师专业知识与科研水平不一，各级、各类科研工作及目标不可能统一开展与实现。这就要求职业院校的科研管理能够分层次、分阶段、分步骤地实施，做好不同层次间的纵向联系、同一层次间的横向联系和内外之间三个方面的衔接和管理工作。纵向上，职业院校应加强与省、市、地区政府管理部门的衔接；横向上，职业院校应做好各个部门、科研人员的协调配合工作；在内外之间，职业院校应加强与科研机构、企业单位的联系。

3.灵活性

职业教育科研管理的对象更为复杂，研究方法更为多样，加之职业教育科研工作的主体又具有鲜明的群众性特点，因此其科研管理应具有高度的灵活性。职业教育科研管理要避免统一刻板的管理模式对人、财、物等资源进行刚性和封闭的管理，而是通过目标导向、宏观调控、激励诱导等多种灵活的管理方式，充分协调组织目标、群体目标和个体目标。

4.激励性

职业教育参与科研工作的主体是工作在教育第一线的广大教育工作者，他们参与和加入科研的程度直接关系到职业教育科研事业的发展与兴衰。由于广大教师都是在承担繁重的教学与管理任务的同时，利用工作之余进行科学研究。因此，适当的激励措施是组织他们自愿参与科研工作的有效手段。

（二）职业教育科研管理的方法

根据职业教育的鲜明特点，在传统的管理方法基础上渗透现代管理的意识和方法，能够高效地完成管理任务，达到管理目标。

1.学术管理

学术管理是科研管理的重要手段之一，指通过各种学术活动来约束参与科研工作的主体以达到管理目标的措施与方法。例如，利用学术研讨、专家评议和论证、学术交流等形式的活动，引导参与科研工作的主体能够自觉开展科学研究。

2.行政管理

行政管理是指通过科研管理部门下达的命令、指令和规定，对参与科研工作的主体施加影响的一种刚性管理方法。科研管理一般不适合采用刚性的管理方法，但由于职业教育的特殊性，需多种方法并用。行政管理方法主要是利用其权威性、垂直性的特点，对科研的时间、任务、经费等进行规定，从而保证科研计划得以实施，经费、人员得以落实，避免出现随意、无序、分散等不良现象，提高科研工作的严肃性。

（三）职业教育科研管理的目标

教学与科研是相互依赖、相互促进的，本着"教学带科研、科研促教学"的原则进行科研管理，是提高职业教育质量的关键之举。教师从教学中发现问题，通过科研解决问题，形成良性互动，不断提高学术水平和教学水平。同时，教师对教材、教法的研究，也有效地促进了教学质量的提高。通过科研解决企业生产过程中出现的技术难题，也是职业教育科研的重要内容。对生产实际产生的问题进行研究，推广科研成果，不仅能将成果转化为现实的生产力，为企业创造经济效益，为学校创造社会效益，还能将生产一线最先进、最前沿、最实际的科研成果融入教材及课程内容，为教改注入新的活力。

二、职业教育科研过程的管理

职业教育科研过程的管理，包括科研管理观念、管理运行机制、科研经费管理、科研规划管理、科研课题管理和科研成果评价、应用与推广等方面的内容。对科研过程的管理，是科研管理工作的重点。

（一）职业教育科研管理观念

职业教育科研管理的目的是通过科学的管理手段，使科研工作得以高效运行，资源合理配置，科研成果优质高产，科技社会服务能力进一步提升。科研管理观念直接影响着科研管理成效，是科研管理的指挥官。

1.市场观念

职业教育科研管理要把市场管理作为研究开发的出发点和归宿，将市场需求作为确定研究开发项目的前提，建立面向需求的科研管理机制。职业院校应鼓励教师从科研选题到成果都面向社会、面向市场、面向生产，避免出现科研成果闲置，无法转化为生产力的现象。

2.知识产权保护意识

职业教育科研管理应树立、强化知识产权保护意识，防止科研成果流失。职业院校应加强知识产权保护，强化科研活动各环节的知识产权管理，加快确立以专利等知识产权保护方式为主、多种形式并存的新的科研成果管理及评价体系。

3.管理信息化

科研管理部门是开展科研活动、发展科研事业、进行软件服务和柔性管理的部门。随着我国市场经济体制的逐步确立，来自国家、各级政府部门的纵向课题立项方式已经形成了基金制、合同制、招标制等各种方式共存的格局。同时，市场竞争机制促使企业、事业单位增强了依靠科研进步的需求，来自企业、事业单位的横向课题大量增多。在信息时代的今天，信息对科研管理起着决定性作用。这就要求科研管理部门必须树立信息观念，扩大信息来源，加强信息管理，提供信息服务。

（二）职业教育科研管理运行机制

职业院校应建立多样化的科研管理运行机制，以便对科研过程进行调控，使职业教育科研工作充满活力并实现可持续发展。

1.竞争机制

职业院校应建立合作型竞争机制，提倡群体竞争、团队竞争。这种以合作为基础的新型竞争机制，能较好地处理竞争与合作的关系，在倡导竞争的同时强调合作，保证科研人员能加强联系与合作，促进其在相互联系的动态过程中形成合力，产生最大效能。

2.激励机制

职业院校应通过目标激励、政策激励、经济激励、情感激励等方式，使激励成为促进科研可持续发展的有力依托。同时，职业院校应通过对"度"的把握，有效发挥精神激励与物质激励的作用，真正将激励机制纳入科研管理的有机整体，促进职业教育科研工作的全面发展。

3.约束机制

约束机制的作用在于对科研行为的规范，无论是纵向课题、横向课题，还是论文质量都必须进行约束，否则将给科研工作带来不可估量的损失。约束机制是保证职业教育科研工作不偏离科学研究轨道的重要保障。

4.评价机制

评价机制的作用主要体现在其对科研工作实际意义和效果的评价。职业院校必须建立针对科研工作业绩和科研成果的科研评价体系，以此调动科研人员的工作积极性，激发科研人员的创造性。

（三）职业教育科研经费管理

随着教育事业的蓬勃发展，国家、地方教育行政主管部门均加大了科研经费的投入，对其的使用和管理也成为学校科研管理工作的重要组成部分。

1.科研经费管理原则

科研经费不同于其他经费，主要用于支持实践性强、创新性高的科研课题的研究，因此必须坚持择优支持的原则。职业院校应避免经费分配上的平均主义倾向，通过经费分配，促进科研人员之间在学术上的竞争，建立有效的竞争机制。因此，职业教育科研经费的管理应坚持择优支持、集中高效的原则，积极支持具有一定优势的特色学科、具有一定潜力能够形成优势的学科、具有发展前途的优秀中青年科研人员、重大或重要的科研课题。职业院校应通过经费的合理分配和有效使用，培养一批科研骨干，争取在某些有自己特色的学科领域形成优势。

2.科研经费管理制度建设

职业院校应建立一整套科学、可操作性强、行之有效的科研经费管理办法和制度。

①与科研有关的所有收入都要纳入学校统一的财务管理，禁止任何个人、课题组利用学校的设备、资金和技术等条件私自收取横向收入，防止国有资产流失。

②明确科研经费的开支范围、开支标准和审批权限，建立审批制度，减少科研人员

报账的盲目性、随意性，做到管而不死，活而不乱。

③在实际工作中要根据课题经费的来源和项目性质划分纵向课题、横向课题和学校资助，每个课题都应专项管理，充分利用会计电算化等手段进行科研项目资金的管理和分析，推广使用 IC 卡管理和校园内部查询系统。

④结题时，经费使用情况必须经财务部门审核确认后才能出具报告，对不符合要求的上报材料不予盖章。

⑤财务部门应严格按照科研经费的使用范围监督经费使用情况，禁止挪用科研拨款。

⑥调整科研经费管理的重心，切实加强对无形资产的管理，注重对无形资产的评价与核算，建立科研创业基金，支持科研成果转化为生产力。

3.科研经费投入管理

加大对职业院校科研经费的投入是提高国家科学技术水平，将高新技术产品引入企业，提升企业的竞争能力，以及增强国家和地区的科研创新能力的有效途径。目前，国家、地方教育行政主管部门及相关部门均加大了科研经费投入，因此职业教育科研经费管理应走出过去"等"经费的局面，主动拓宽科研经费投入渠道，争取科研经费。

一般来说，科研经费投入渠道主要包括以下几个方面：一是基础研究，以国家投入为主，投入方式为通过有关的基金会，如中华人民共和国国家自然科学基金委员会等，在公开、公正、公平竞争下确定是否资助。职业院校要加强对国家各类科学基金、国家教育委员会各类基金及地方各类基金的申报工作，积极争取纵向科研经费。二是技术研究及开发，主要由企业投入，国家通过设立技术开发研究的引导基金，吸引企业资金并通过企业投入教育，项目的运行由企业与国家共同评价、监督，以专利授权或实际用于生产作为最终目标。

4.科研经费核算管理

科研经费核算是提高科研经费使用效果的有效途径。

（1）统一科研经费会计核算科目

针对科研经费来源渠道多、各单位核算口径不统一的问题，职业院校应统一规范会计核算科目的设置和核算内容，指定不同渠道经费收入及支出的核算科目。

（2）科研经费的日常报销核算

在科研经费到位后，应由课题组向科研管理部门提供合同中规定的经费预算的详细情况，科研管理部门根据经费预算情况下达具有项目分项预算及三级账的经费下达表。科研人员每报销一笔账，财务系统可自动显示分项余额，项目分项资金超支时提示不能支付此项费用，以保证科研经费的合理使用性和规范性。

（3）有形资产和材料购买的管理

职业院校应合理采购科研资产。本着节约使用和效率优先的原则，仪器设备的零星采购要有预算，并通过资产管理部门进行购买。如果进行大额采购，则要进行论证，并列入预算，然后通过政府部门采购。

（四）职业教育科研规划管理

科研规划是学校长远的奋斗目标，是国家科研方针、政策和科学技术发展规划的具体体现，是一种战略性的全局布置方案。

1.科研规划制定的原则

职业院校科研规划的制定应遵循以下原则：

（1）目标一致性原则

职业院校的科研规划要充分体现党的科技政策，要与我国国民经济和科学技术的发展规划相一致。

（2）基础性原则

职业院校的科研规划要充分考虑学校原有的工作基础和学校的特长，发挥优势，体现特色。

（3）全局性原则

职业院校的科研规划要考虑全局观点，尤其注意重点与一般的关系、应用研究与基础研究的关系、当前需要与长远需要的关系、教学与科研的关系，以及研究的连续性的问题等。

2.科研规划制定的人员

职业教育科研规划的制定，除有关领导参加外，还必须组织科研人员参加，并在大量调查研究的基础上开展。科研管理部门人员要把握国家相关政策与制度，总体上把握学校科研发展方向；学科带头人要了解本学科发展的历史、现在、前沿，以及相关学科的相互联系，并提出科研工作的中心及发展方向；相关工作人员要了解国家经济发展的需要及科研课题对社会的影响等。

3.科研规划制定的注意事项

（1）职业院校的科研工作，既要重视长期的、储备性质的基础研究，更要加强行业企业急需的、与生产实践密切相关的应用研究和发展研究，并正确分配基础研究、应用研究和发展研究这三类科研课题的比例。

（2）科研规划的制定必须慎重。部分职业院校制定的五年或十年科研规划朝行夕改，其主要原因是事先调查研究不够，预测不准，不符合生产实践和经济发展的实际情况，或超出了自身能力范围。因此，职业院校的科研规划必须在广泛调查研究的基础上慎重制定。

（五）职业教育科研课题管理

科研课题是科研规划的具体化，是科学研究的重要载体，同时也是科学研究的基本单元。科研课题的研究目标比较集中、明确，内容也比较具体，可以解决一个相对单一而独立的问题。在科研管理的全过程中，科研课题管理是中心环节。

1.动员

职业院校应在科研课题申请前，发动教师及科研人员积极申报。为做好申报动员，科研管理部门应在动员时讲明申报课题的意义，并帮助申报者认真阅读、理解"申报指南"，掌握相关信息，以使选题符合计划资助的选题范围。

2.选题

科研课题的选题是解决"做什么"的问题，是开展科研课题研究的战略起点，若选题有误，可能导致人、财、物的严重浪费，若选题不当，目标混乱或困难估计不足、条件预测不周，将使课题陷入"持久战"或者出现"食之无味、弃之可惜"的局面。

（1）选题的原则

职业院校的科研课题应该适时、准确且具有竞争力。科研管理部门在协助科研人员选题时应遵循以下原则：

①目的性原则

职业院校的科研课题要以社会需要和科学技术发展为目的，不能脱离国家和科技发展的需要而无目标地进行。科研管理部门要注意检查课题的选题是否具有目的性，不能似是而非、含糊不清。

②创新性原则

科学研究是要解决前人没有解决或未完全解决的问题，因此创新性是科学研究的灵魂。科研管理部门应立足生产技术发展的前沿，审视课题的选题是否具有先进性、新颖性。

③可行性原则

科研人员应根据实际具备的和经过努力可以具备的条件进行选题。职业院校科研课题的选题一般需要考虑研究者的学术水平、研究经验、能力素质、研究文献资料的占有量、试验手段、资金和时间等因素。

（2）选题的要求

①科研人员必须具备广博的知识，对所研究的课题及其有关方面有深刻的了解。科学研究的领域非常广阔，科研人员只有熟悉生产过程，了解科学发展的历史和现状，并且经过深思熟虑，才能对问题有深刻的了解，才能切中要害，做到选题适当。此外，科研人员还要熟悉本学科发展的历史、特点、趋势及主要研究手段，只有这样，才能从众多的、可能实现的选题中找出最切合自己实际的选题。

②科研人员要进行周密的调查研究，切实掌握科技动态。随着科学技术的突飞猛进，几乎每天都有新理论、新概念、新技术、新工艺、新产品涌现。在这种形势下，多人同时研究同一个问题的情况十分常见。为了避免重复的劳动，科研人员必须收集、了解国内外同行的工作情况，切实掌握科技动态。

③科研人员需要在充分准备的基础上做出选题报告，并请有关专家、权威人士审查，以确认选题的必要性和可行性。科研人员还应在调研的基础上，确定研究方案和步骤，请业内专家对确定的研究方法和步骤进行分析，并根据专家意见及时调整选题内容和研究方案。

（3）选题的工作流程

为了使选题准确、可行，保证科研课题的研究质量，科研人员可遵循如下流程开展选题工作：

①立题，即确定研究方向；

②初步估计技术经济价值，即初步估计所确定的研究方向是否具有技术经济价值，以及经济技术价值的大小；

③课题检索，即进一步了解国内外目前有关课题研究内容的发展状况及其发展趋势，避免盲目选题；

④调查和预测所选的研究方向是否满足本地和国民经济、生产实践的需要，把解决科学技术难题放在优先地位，充分发挥职业教育的优势；

⑤查阅相关文献，为所选的科研方向寻找理论依据，从理论上论证其可行性；

⑥在上述工作的基础上，调整研究内容并确定研究课题。

3.立项

在认真选题的基础上，各系（部）、教研室及教职工个人要想申请科研课题，必须填写课题申请书。科研管理部门对申报的课题认真审议并提出意见，上交学术委员会评议，分管领导批准后上报主管部门。申报的课题获得批准后，要及时填写课题任务书，方视为正式立项。

4.管理

（1）签订课题合同，实现目标管理

课题立项之后，科研人员的首要工作是确定课题合同书，详细地确定课题进度和质量要求。合同书是目标控制的依据，科研管理部门对每个课题要严格按计划进行，跟踪服务管理，并进行必要的阶段质量评价。完成的课题要及时按课题合同的目标组织鉴定验收，确保科研课题按时保质完成。

课题合同的条款要符合系统原则，既要预测总体目标，又要在总目标的控制下分解目标，避免研究内容出现"拼盘"现象。

（2）对科研课题的监督与检查

在课题的立项通知书及首期科研经费下达后，科研管理部门应督促课题组负责人启动和开展研究工作，制订较为周详的阶段性研究计划。科研管理部门要按合同书所规定的研究进度和阶段性指标监测、督促其完成情况。科研管理部门在对每个课题进行中期检查时，要检查原研究方案的变动情况、下一步工作安排、研究进展、是否需要科研管理人员协调解决问题等情况，重点了解其研究的工作进度、阶段性成果、经费开支情况及存在的主要问题，并要求各院系协助项目负责人做好纠偏补漏的工作，切实保证每个课题组都有足够的人力和充裕的时间。由于计划与实践并不一定完全相符，在原定计划实施过程中常会出现某些问题，这些问题如不及时解决就会影响课题按计划进行。所以，对课题实行阶段性检查，及时发现并解决项目实施中的问题，显得尤其重要。因此，科研管理部门需要掌握课题进展情况，及时发现并解决问题，以使课题顺利进行。

（3）重点、重大课题的协调

很多重点、重大课题往往由多学科或多单位共同参与，学科间和单位间的配合就显得非常重要，如果出现小团体利益，势必会影响团结，妨碍课题顺利进行。科研管理部门需要定期召开课题组会议，检查课题进展，及时协调和解决在计划实施和协作过程中出现的问题，进而使项目按期完成。

（4）终止课题

①正常终止课题

正常终止课题是指课题的研究达到了预期的目的，经过鉴定或评审，并经过主管部门批准而终止。对于正常终止的课题，其科研成果是科研效益的最终体现，也是衡量科研管理工作质量的重要标志。做好结题验收是鉴定项目完成质量，维护学校信誉的重要工作，也是人才培养和发挥成果效益的重要环节。在课题结束时，科研管理部门要与课题负责人联系，商讨结题工作，一则提醒他们将已完成工作的资料进行统计分析；二则根据已做的工作提出新的目标。

②非正常终止课题

非正常终止结题通常有两种情况：一种情况是遇到了计划没有估计到而且目前又无法解决的困难被迫终止课题；另一种情况是国内外同行已经就同一课题取得了研究成果，此课题失去了原先计划的研究意义，因此终止。

（六）职业教育科研成果评价、应用与推广

科研成果，一般是指科研人员在其所从事的某一科学技术研究项目或课题研究范围内，通过实验观察、调查研究、综合分析等一系列脑力、体力劳动所取得的具有一定学术意义或实用价值的创新成果。对科研成果的评价、应用与推广是科研管理工作的重要组成部分。

1.对科研成果的评价

科研成果一般分为基础研究成果、应用研究成果及发展性研究成果三类。

（1）对基础研究成果的评价

对基础研究成果的评价应注重其在科学上、学术上是否有新的发现、新的创造，是否提供了关于自然现象和自然规律的新知识，以及新知识的广度和深度。

对基础研究成果的评价，一般采用延时评价法。由于基础研究成果的价值体现在认识世界的广度和深度及改造世界的效用上。前者可以用成果的真理性标准检验，后者可以用成果的效益性标准检验。由于成果研究出来后其价值经实践检验还需要时间，效益不能立即显现，因此对基础研究成果价值的客观评价通常在成果发表一定时期后或验证后进行，即延时评价。这样可以避免过早评价而出现误差。

（2）对应用研究成果的评价

对应用研究成果的评价应注重检查其在应用方面是否有创造性，是否为应用新理论、新知识开辟了新的途径，应用价值如何，对社会的影响程度如何，是否为基础研究提出了新课题等。

对应用研究成果的评价，一般采用同类相比和同行评议的方式来进行评价。同类相比，是按学科内容、形式、研究方向对成果进行分类，分类越细，可比性就越强，标准越容易确定，评价结果越准确、公正；同行评议，即由研究方向相同或相近的学科工作者运用相近知识判断成果的客观价值。同行对成果内容的理解、认识能力较强，便于作出符合实际、准确、公正的评价。

（3）对发展性研究成果的评价

对发展性研究成果的评价应注重其对于生产应用所必需的工程技术问题的解决情况，既要考虑其可操作性和适用性，又要考察其是否有发明和创造等。

2.对科研成果的应用与推广

职业院校应利用电视、广播、报纸、互联网以及科研成果信息平台公报学校的科研成果，同时参加各种展览会，发放宣传资料直接推广。职业院校还可以组织教师深入相关专业的企业，实地了解企业需求，帮助企业解决实际问题，使企业和教师能直接交流。在交流中，教师能够发挥自己的专业特长为企业的生产发展作贡献。

第三章 东西部协作背景下职业教育管理体制改革创新的现实路径

在东西部协作的背景下,职业教育管理体制改革创新的现实路径旨在构建一个更加高效、灵活且适应性强的教育管理体系。这一改革的价值理念强调公平性、开放性和创新性,以促进教育资源的均衡分配和教育质量的整体提升。职业教育的目标定位聚焦于提高职业教育的适应性和前瞻性,以更好地服务于区域经济发展和产业升级的需求。整合机制的构建则涉及政策、资源、信息和技术等多个层面,通过跨区域合作、资源共享平台和协同创新机制,实现东西部教育资源的有效整合和优化配置。同时,职业教育对现实契机的把握,如国家政策支持、区域发展战略、技术进步等,也为其管理体制的改革创新提供了有利条件和动力。

整体而言,这一改革路径旨在通过体制机制的创新,激发职业教育的内在活力,提升其服务经济社会发展的能力,实现东西部地区职业教育的协调发展和共同进步。

第一节 职业教育管理体制改革创新的价值理念

现代职业教育是面向人人、服务终身的教育。作为一种新的理念,服务终身的"新"不是体现在价值倾向上,而是体现在实现机制上,其深刻内涵是通过合作教育与合作管理,实现面向人人、服务终身的价值理念,从而实现价值理念的制度化转变和机制化运行。

一、终身教育框架下我国职业教育管理体制的特征

（一）终身教育的内涵

终身教育是联合国教育、科学及文化组织（以下简称"联合国教科文组织"）在20世纪60年代提出的教育理念。联合国教科文组织认为：一方面，终身教育具有使人适应工作和职业变化的作用；另一方面，终身教育在铸造人格、发展个性以及增强批判精神和行动能力方面具有重要意义。

1972年，联合国教科文组织国际教育发展委员会发表的《学会生存——教育世界的今天和明天》指出："最初，终身教育只不过是应用于一种较旧的教育实践即成人教育（并不是指夜校）的一个新术语。后来，逐步地把这种教育思想应用于职业教育，随后又涉及整个教育活动范围内发展个性的各个方面即智力的、情绪的、美感的、社会的和政治的修养。最后到现在，终身教育这个概念从个人和社会的观点来看，已经包括整个教育过程了。"

终身教育指导思想和原则包括协商合作、统合协调、创新、本土化和内生式发展、民主参与、机会均等、灵活多样和效率。其中，协商合作和统合协调是其核心的指导思想和原则。协商合作和统合协调的指导思想和原则凸显了教育的整体性和连贯性，强调了制度与合作在终身教育中的重要作用，也强调了终身教育发展的综合性与开放性。

终身教育的哲学根源是回归人的价值理性，彰显人、制度和合作的力量。这正是终身教育拥有如此强劲生命力的根源所在。

（二）基于终身教育理念的我国职业教育管理体制的特征

在终身教育的体系下，职业教育贯穿全程，是链接整个终身教育体系最重要的链条和节点。所以，职业教育既是终身教育的主要内容，又是终身教育体系构建的重要环节。终身教育理念使现代职业教育体系具有开放性、全程性与合作性的特征。因此，职业教育的管理主体、管理模式和管理运行机制需要发生变化，以适应变化了的职业教育体系。

1. 职业教育管理主体的多元化

我国职业教育的最大特点是办学主体的单一性。目前，我国职业教育组织主要是以

职业院校为主,并且这种职业院校提供的是一次性教育,甚至是终结教育。这与终身教育的理念严重相悖。而事实上,由于人类社会的复杂性和不确定性,人们的职业岗位和职业技能也会不断地发生变化,人们不可能通过一次教育就掌握或满足职业生涯需要的全部知识和技能,以应对自身职业发展和职业转换。因此,职业教育必须改变单一性的办学主体,推行多元化、多形式和多渠道办学,从而适应终身教育提出的时代命题。办学主体的多元化对职业教育管理主体的多元化提出了要求。在职业教育管理活动中,政府只能扮演"掌舵者"的角色,提供职业教育制度设计和政策支持,而不能以"划桨者"的角色自居,过度干预和参与职业教育管理体制的运行。

2.职业教育管理模式的多样化

职业教育多元化、多形式和多渠道办学对其管理模式的多样化提出了客观要求。就投资渠道而言,职业教育的投资主体可以是政府、实业界、各种私人教育公司、基金会等。投资体系和主体的多元化必然折射出办学主体的多元化。在我国职业教育领域,虽然政府依旧扮演着主导角色,但越来越多私人机构的介入为职业教育管理模式的多样化提供了可能。职业教育管理模式的多样化已成为世界范围内的一种趋势。

3.职业教育运行机制的透明化

职业教育投资主体和办学主体的多元化要求职业教育运行机制透明化。也就是说,不管职业教育采用哪种管理模式,其整个运行机制必须是透明的。只有透明化的运行机制才能吸引更多的投资主体投入到职业教育中来,才能保证职业教育面向人人、服务终身的价值理念得以落地和实施。

职业教育运行机制涉及多个层面,包括职业教育的资源获取机制、资源分配和共享机制、激励机制、监督机制、评估机制等。职业教育管理体制改革和创新的关键就在于其运行机制能否透明化,能否适应世界范围内职业教育环境的要求,能否与政府、企业、社会组织等保持良好的合作关系,能否得到有效的社会监督,能否取得社会广泛的信任、尊重和认同。只有解决上述问题,职业教育才能实现其面向人人、服务终身的价值诉求。

二、构建适应终身教育框架的职业教育管理体制

作为终身教育体系中的一个重要组成部分,职业教育要按照终身教育的理念去发展,建立适应终身教育的职业教育管理机制。这既是教育规划纲要对职业教育事业提出的基本发展方向,同时也给职业教育发展赋予了新的含义和要求。

(一)形成职业教育管理组织间的沟通与对话机制

在无法回避的职业教育多元性背景中,对话和分享使得职业教育管理组织之间相互接纳和包容。这种接纳和包容是通过建立职业教育管理组织之间的沟通与对话机制来实现的。这种沟通与对话机制不仅能保持职业教育与市场经济发展和社会发展的同步性,更重要的是,还能发挥职业教育对经济发展和社会发展的引领性作用。

在职业教育服务终身的价值追求中,职业教育管理组织要发挥各自优势,促进职业教育组织间的沟通和对话机制,及时了解和分享职业教育与市场、社会之间的互动成果,实现职业教育资源的优化配置和运行机制的良性运转。

(二)形成职业教育管理的自组织机制

职业教育的终身性和全程性不仅要求职业教育办学主体和投资主体的多元化,而且赋予了职业教育管理的自组织的发展趋势。因为,任何一个管理组织都无法自始至终囊括职业教育整个体系的运行和发展,职业教育管理必须实现自组织机制,能够根据职业变化和经济需求自动调整和修正,实现自我管理和自我发展。

1. 自组织理论在我国职业教育管理中的适用性

"耗散结构论"创始人伊利亚·普里戈金和他的同事在建立"耗散结构"理论和概念时最早提出和使用了自组织的概念,"协同学"创始人赫尔曼·哈肯于1983年第一次比较清晰地比较了自组织和组织在概念上的差别,并准确地定义了自组织的概念。他认为,如果一个体系在获得空间的、时间的或功能的结构过程中,没有外界的特定干涉,我们便说该体系是自组织的。这里"特定"一词是指那种结构或功能并非外界强加给体系的,而是外界以非特定的方式作用于体系的。自组织理论虽然源于自然科学,但由于从系统

角度阐述了复杂的自组织系统的形成和发展机制问题,并提供了系统性的研究工具和分析方法,因此这种理论的适用范畴也延展至经济、教育等社会科学领域。

按照终身教育的价值理念,职业教育应该是由政府、行业、企业、学校和社会组织组成的复杂系统。目前,职业教育管理体制已经远远不适应职业教育终身性、全程性的发展要求,暴露了很多管理体制上的弊端。这些弊端产生的原因除了受整个公共管理体制的制约外,主要是与职业教育管理体制的管理组织及其运行模式有关。因此,笔者采用自组织理论研究职业教育管理系统,搭建我国职业教育管理体制的自组织运行机制。职业教育管理的自组织是政府、行业、企业、学校和社会组织为实现共同的职业教育目标,依靠组织内部的力量而形成的有序化、结构化的组织体系。职业教育管理的自组织是一种自主运行、自主建构和自主治理的组织形态。因此,作为职业教育管理主体的政府应该转变管理职能,从宏观层面给予职业教育管理自组织运行的环境、政策和立法支持,积极加强与行业、企业、学校和社会组织的沟通与对话,建立职业教育组织和管理组织间信任合作的运行机制,从而实现职业教育管理的自组织机制。

2.职业教育管理自组织的运行模式

职业教育管理自组织的运行模式是指职业教育管理要以终身教育为框架,以法律和规范为保障,以职业教育管理组织间的沟通与对话为基石,建立职业教育管理组织与职业教育学习群体、职业教育组织之间互动、同构、合作的关系,从而在利益、责任、供给、需求的四轮驱动下自我运行。

职业教育管理自组织的运行模式类似一个圆形的网络结构。这个网络从中心开始向外建立,其结构机制就好像是蜘蛛织网一样,不仅编织相互联系的新线路,而且加固原有的线路。网络的中心与外围相互交织,某一点的行为会波及整个结构,形成相互交织的、无边无际的网络,各种力量和事件形成了一个互为条件的、无休止的、不可分的网络。管理组织和教育组织基于对职业教育的价值认同而相互支持、相互关照,通过一致的利益分享和责任担当,一同管理和运行各种职业教育组织和管理组织自身。反之,任何一个管理组织的过失都有可能带来整个管理组织的低效。所以,自组织的运行模式赋予了职业教育管理体制自我更新的特征。

第二节　职业教育管理体制改革创新的目标定位

多元合作是现代职业教育系统鲜明的行为特征，没有现代化的多元合作管理体制，也就不可能形成现代化的职业教育体系。理论视角不同，解决问题的思路不同。职业教育多元合作指的是政府、行业、企业、学校和社会组织合作办学、合作育人、合作管理等一系列活动。因此，我国职业教育管理体制在本质上就是多元合作组织间的管理和运行。只有从组织多元合作这一视角来反思职业教育管理体制的改革与创新，才能清晰地看出我国职业教育管理体制存在的问题，并找到走出困境的路径。

一、组织视角下的职业教育多元合作

多元合作指三个或三个以上的主体互相配合做某事或共同完成某项任务。职业教育多元合作是指由政府、行业、企业、学校和社会组织通力合作，共同承担职业教育事业。在此，多元合作的中心思想是权力的分散化、主体的多元化。

职业教育的多元合作在各国有不同的称谓，美国称之为"合作教育"，日本称之为"产学合作"，德国称之为"双元制培训"，英国称之为"三明治工读制度"。虽然称谓不同，但是各国面临的问题是相同的：合作办学、合作育人。近十年来，我国职业教育有了飞速发展，但是多元合作办学的体制、机制还没有建立起来，部分职业教育组织仍然处于封闭状态。人才培养与社会需求的不匹配，严重制约了我国工业化的转型，也造成了教育资源的浪费。解决这一问题的根本出路，就是要从组织合作的视角出发，建立政府、行业、企业、学校和社会组织等多元合作的职业教育管理体制。

《国家中长期教育改革和发展规划纲要（2010—2020年）》指出："建立健全政府主导、行业指导、企业参与的办学机制，制定促进校企合作办学法规，推进校企合作制度化。鼓励行业组织、企业兴办职业学校，鼓励委托职业学校进行职工培训。制定优惠政策，鼓励企业接收学生实习实训和教师实践，鼓励企业加大对职业教育的投入。"多

元合作成为职业教育发展的关键词。但是,如何推进多元合作的制度化,让政府、行业、企业、学校和社会组织形成有效的合作,既是职业教育多元合作发展的实践难题,也是职业教育多元合作发展提出的理论任务。

在社会发展的进程中,合作已成为时代发展的主题。职业教育多元合作组织应该是基于合作、推动合作、促进新合作生成的网络结构体系。因此,政府、行业、企业、学校和社会组织之间的合作是动态灵活、多元开放的合作,它们不是以机构与机构间表面上的合作为目的,而是以整体组织目标的达成、各个合作任务的完成为目的;合作组织的运行不是按照既定的、僵化的和呆滞的组织规则行事,而是更多地注重组织成员的情感纽带的链接、共同目标的追求和社会责任的驱动,会根据情势的变化而选择行为。在这里,政府、行业、企业、学校和社会组织不再是一个个孤立的个体,而是有着相同命运的共同体。

因此,在职业教育多元合作的理论研究中,只有从组织合作的视角去把握职业教育多元合作的特征,梳理多元合作中的难题,并用组织合作的理论指导职业教育管理政策制定、体制构建以及机制运行,职业教育才能走出传统管理体制的困境,拓宽职业教育多元合作的新天地。

二、职业教育多元合作的组织特征

(一)开放的合作过程

开放的社会和职业教育的全程性决定了职业教育校企合作过程的开放性。职业教育不再是以往静止封闭的针对某一年龄、某一领域的阶段性教育,而是一个动态开放的面向人人、面向职业生涯全程的跨年龄、跨领域的终身教育。这种开放的教育形式赋予了职业教育校企合作过程的动态开放性。

合作制组织的动态性决定了它能打破自身与环境间的界限,根据经济发展需求和人的发展需求,自主调节组织合作的结构和功能,以一种开放的姿态及时接纳组织成员的进入和迎送组织成员的退出。也就是说,只要是具备合作成员资格的职业院校和企业,只要愿意参与合作过程,都可以随时随地加入合作组织,也可以随时随地退出合作组织。

在整个合作过程中，合作组织的大门始终敞开着，允许其成员自由地进入和退出。这样一来，认同组织目标的职业院校和企业便会进入合作组织，不认同组织目标或与组织目标产生严重分歧的职业院校和企业便会退出合作组织。这种进入和退出并不是一次性完成的，会伴随组织合作的整个过程。但组织成员的每一次进入和退出都会进一步推动组织合作的发展和深入，促进组织间共有的信念和理念的建立，促进组织成员在相互了解、相互认同中形成组织信任。随着合作的推进，组织成员之间不仅相互了解及认同，而且逐渐清楚为了维系之间的信任应该做些什么。组织信任把组织成员整合在一起，合作各方围绕不断开展的组织任务会形成一股强劲的行动力量，推动组织合作不断地拓展和深入。

（二）开放的组织边界

职业教育全员性特征赋予了职业教育校企合作组织边界的开放性。职业教育校企合作并不像政府组织那样具有明确、固定的组织成员和由此形成的明确的、安全的、稳固的组织边界，职业教育校企合作组织强调的是合作成员间变动、弹性和平等的合作过程，强调的是合作成员间物质、能量和信息的交换过程，而非像教育组织和企业组织本身那样，依赖组织权力和专业化分工去维持组织的运行。因此，开放的组织边界有利于合作组织间物质、能量和信息的交换，为组织成员创造性活动提供机会。

三、职业教育多元合作的主体定位

（一）合作主体的角色

职业教育校企合作组织成员只有定位准自己的角色，才能扮演好自己的角色，才能担当起自己的责任和义务。职业教育多元合作存在的主要问题就是合作主体的角色错位。作为多元合作主体的政府、职业院校和企业并没有在这个合作组织中定位准自己的主体角色，担当起合作主体的责任和义务，缺乏合作的能动性和主动性，缺少平等互助、互惠共赢的理念，没有认识到在这个合作组织中自己的角色定位与合作组织目标之间相互影响、相互支持的关系，没有认识到这里的合作实际上就是一种相互依赖、相互交换、互惠共赢的关系。正是合作主体达不成这样的共识，才导致现实中的多元合作很难做深、做实、做好。因此，对于职业教育合作组织来讲，合作的任何一方只有从合作组织发展、自组织发展与人的发展一体化的高度来看待职业教育合作，明确定位自己的主体角色，主动参与组织合作的所有活动，认同并归属这一"事业共同体"，才能摆脱目前多元合作"合"而不"作"的困境。

（二）合作主体的资格

职业教育多元合作是建立在相互选择、相互竞争基础上的合作。在这个过程中，并不是所有有意愿合作的组织都能找到与之合作的伙伴。即便是达成合作协议的合作伙伴在进入合作过程之后，任一合作主体都可以根据自己的发展需要重新选择自己的合作伙伴，都可以淘汰不符合自己发展需要的合作伙伴。职业教育合作主体的资质要求客观上促成了合作退出机制的形成。这样一来，无论是对政府、职业院校还是对企业来说，都有一定的压力，都会积极提升自身核心竞争力，打造自身特色品牌，以寻求品质更好、层次更高的合作伙伴。

（三）合作主体的理念

职业教育多元合作应该树立"没有合作，就没有发展"的理念，站在合作组织发展和合作主体发展的高度看待组织合作。然而，在现实中，职业教育合作，尤其是校企合作很多时候是职业院校的一厢情愿。大部分职业院校已经深刻认识到了要发展就要合作的重要性，积极寻找与之合作的企业，甚至为了迎合企业的需求而改变自己的育人特色。其结果是企业即使参与了合作，也大多停留在捐助教学设备、提供实训基地、录用个别学生的层面。校企之间并没有实现合作主体间交往的平等性、合作路径选择的开放性与合作行动的自主性。处在不对等的交换中的校企合作很难达到水乳交融的境界。因此，无论是职业院校还是企业，要有战略眼光，树立"没有合作，就没有发展"的合作理念。校企双方都应该积极投入合作，保持合作，发展合作。

（四）合作主体的权力

作为一种组织，组织主体都会拥有组织赋予的行动权力。作为一种松散结合的组织而存在的职业教育校企合作组织,维系其组织功能的是组织主体间的信任与合作,而不是组织主体间的权力控制。这里,没有自上而下运行的权力控制,但存在流动的权威。在开放性的校企合作中,组织权威不是被上级授予的静止、僵死的权威,而是基于共同的价值追求,由知识、智慧、技术和责任共同孕育的权威。在这里,知识、智慧、技术、责任和权威是同生共构的关系,谁拥有知识、智慧、技术和责任,谁就拥有权威,这里从来不存在谁控制谁、谁支配谁的关系。因此,职业教育校企合作主体应该放下固有的权力支配意识,本着相互信任和相互尊重的合作理念,真诚开展合作。

(五)合作主体的差异

由于多元合作的主体不同,其文化精神、价值理想和利益追求都存在差别甚至冲突。作为一个合作组织,需要合理解决好主体间的认同与差异的互动,在保持差异性的基础上达成组织认同,建立组织信任。职业教育多元合作是基于组织目标认同基础之上的合作。参与多元合作的职业院校、企业和社会组织一定要深刻认识到,在合作组织中,合作主体的差异性和一致性始终存在于互动的过程之中,而不是静态的、相互限制之中。这样,职业教育多元合作才能在保持组织认同的基础上,实现组织的创新性行动。

四、职业教育多元合作的运行机制

职业教育多元合作是围绕不同的组织任务而展开的。在组织任务完成的过程中,组织应该建立怎样的运行机制?不同的组织成员在职业教育校企合作组织运行中应发挥怎样的作用?谁来掌舵职业教育合作的运行方向?谁来划动职业教育合作之桨?谁来协调合作主体间的利益分配?这些都是职业教育多元合作组织运行中面临的关键问题。只有解决了这些问题,才能保证职业教育多元合作的顺利运行。

(一)建立面向组织任务的服务管理机制

政府、行业、企业、学校和社会组织的多元合作管理是职业教育组织多元化的必然要求。服务终身和服务人人是职业教育的本真追求和理想价值。因此,在终身教育的框架下，职业教育具有开放性、灵活性和动态性特征，为职业教育组织的多元合作打开了大门，也为职业教育管理体制的灵活开放性奠定了坚实的组织基础。在这样的背景下，任何一个组织都无法独立承担职业教育面向人人、服务终身的重任。这就要求政府、行业、企业和社会组织承担起自己的责任，积极参与职业教育，并通过机构重组和机制整合，建立起面向组织任务的服务管理机制。

在职业教育多元合作的实践中，人才培养过程的长期性和成本收益的不确定性，致使行业企业参与合作的被动性和消极性的滋长，进而导致职业教育多元合作组织运行不畅甚至受阻。这深深影响了职业教育多元合作的发展和成效。这时候，政府应该发挥公共服务管理的职能，通过立法和政策制定，掌舵职业教育校企合作的运行方向，提供多元合作的经费保障，督促合作双方承担各自的责任和义务，保证合作者应有的地位和应享的利益，及时评估和控制合作成效和过程，从而推动职业教育多元合作朝更高、更深的层次发展。

因此，在这个多元合作的体系中，政府作为职业教育管理体制当中的管理主体之一，应该扮演"掌舵者"角色，把握职业教育组织的运行、合作与发展，建立职业教育多元合作的服务管理机制。

（二）建立面向组织目标的信任整合机制

组织目标也是组织的一种资源，能为组织合作的开展提供一种身份认同，是对组织成员的一种集体性的激励。只有建立一致性的组织目标，才能把具有相同认知的人聚集在一起，组织资源才得以集中，组织合作才得以开展。在由政府、行业、企业、学校和社会组织构成的职业教育多元合作的组织中，目标认同同样不可或缺。尽管它们在合作中的利益追求不同，但目标的统一性赋予了组织行动的一致性、互补性和互动性。可以说，目标认同既是组织成员开展合作的基础又是组织成员深化合作的依据。

在目标一致性的问题上，离不开信任整合机制的建立。只有相互信任的组织成员才愿意进行合作，才有可能坐下来相互协商、相互理解和相互支持。这种组织信任能够保证组织成员在面临差异、分歧甚至冲突的时候能够相互信任、相互认同和相互支持，并达成谅解，达成共识；能够保证组织成员在共同的育人过程中及时沟通，不断纠正行动中出现的偏差和失误，不断修改和调适组织目标，达成组织目标的一致性，从而促成组织成员的共同行动，保证组织目标的顺利实现。

在现实中，职业教育多元合作中的分歧和冲突集中体现在校企合作领域。学校追求的是人才培养，企业追求的是利益获取，如何整合二者的目标呢？实际上，职业院校和企业的目标具有内在的一致性，只有用信任的眼睛才能发现，只有用信任才能把二者的目标整合在一起。职业院校的人才培养说到底是为经济发展培养人才，也就是为企业发展培养人才。企业追求的商业利益说到底是靠人才获取的，尤其是靠大批高素质技能型人才获取的。现实中之所以存在职业院校学生就业难和企业用工荒的悖论，就是因为二者没有在建立信任的基础上相互沟通、相互合作。因此，职业院校和企业只有走在一起，相互信任，真诚合作，通过合作育人、合作办学、合作就业，才能实现合作发展。

（三）建立面向多元利益主体的利益分配机制

职业教育多元合作组织是由多元利益主体构成的，不同的组织成员间存在着不同的利益追求。因此，职业教育多元合作是以成员的利益获得为前提的。组织成员的利益追求决定了合作组织面向多元利益主体的利益分配机制的建立。合作组织应充分尊重各方利益，让参与合作的所有组织成员都能从合作中获得自己应该获得的一份收益。

职业教育多元合作组织利益分配机制是一种非平衡性机制。校企合作组织的动态开放性赋予了其利益分配机制的非平衡性。因为在变化的、动态的组织合作过程中，市场需求是动态变化的，组织成员是动态变化的，组织成员的合作过程和其利益追求也是动态变化的，这就要求利益分配机制是一个不断调整、变化的动态机制，它应随着组织合作过程的展开、推进、完成而不断调整。只有动态灵活的利益分配机制，才可能是公平的利益分配机制；只有建立公平的利益分配机制，职业教育校企合作才能得以开展和持续。而目前，我国职业教育校企合作缺乏对组织利益进行公平分配的机制。因此，建立面向多元利益主体的利益分配机制对于职业教育校企合作来说刻不容缓。

总之，多元合作是我国职业教育管理体制改革和创新的目标定位。从我国职业教育管理体制历史演变来看，我国职业教育管理方式、管理主体、管理理念等发生了深刻的变化，职业教育管理体制正在经历着历史的转型，其管理方式从管理到服务的转型、管理主体从一元到多元的转型、管理理念从阶段性教育到终身教育的转型。这些迹象表明，现代职业教育组织是一个具有弹性、灵活开放的系统，在这个系统中，职业教育管理主体之间不是控制与被控制的等级关系,而是相互支持、相互信任、相互合作的伙伴关系。也就是说,信任整合应该成为职业教育管理体制改革和创新的动力机制。

第三节 职业教育管理体制创新的现实契机

职业教育分级制度是构建现代职业教育体系的一种制度设计和改革探索,充分体现了"面向人人"的终身教育理念,构建了多元开放的办学体系和动态灵活的运行机制。职业教育分级制推动了职业教育管理体制变革,增强了社会支持度,建立了信任整合机制,开辟了多元合作的管理模式。

一、为职业教育管理体制改革创新营造了现实氛围

职业教育分级制改革是我国职业教育制度改革的重点。建立职业教育分级制度有利于丰富职业技能型人才培养的层次以适应社会的实际需求。

（一）职业教育分级制改革增强了社会对职业教育的支持度

从结构体系上看,我国职业教育体系没有普通教育体系完善,中等职业（以下简称"中职"）教育与高等职业（以下简称"高职"）教育协调发展、逐级衔接的职业教育体系尚未建立；从人才培养上看,较之普通院校的学生,职业院校培养的学生在就业过程中常常受到歧视,工资待遇偏低；从社会观念上看,虽然高职院校和普通院校只是教育类型之分,而非教育层次之分,但是社会公众对职业教育依然存有一定偏见。这就使得职业教育在我国教育结构体系处于弱势地位,生存空间受到挤压,社会关注度和社会吸引力也远远不够,直接造成现实中的职业教育与职业教育面向人人、服务终身的价值追求相背离。

中心边缘结构决定了中心地带的危机会自动地向边缘转移，而边缘地带的财富会向中心汇聚。职业教育也面临这样的命运。比如，一些实力较强的高职院校宁愿丢掉自己的职业教育特色，为"升格"本科而努力。不幸的是，大多数职业院校在这种社会观念的影响下走上了趋同的道路：期盼以"升格"为契机，激发职业教育发展的新动力。在这样的中心边缘结构框架下，职业教育在社会上的认可度和支持度都偏低。

职业教育分级制改革打破了职业教育沉寂的水面，引起了社会各方的广泛关注和支持。究其根本原因，是职业教育发展对经济发展的重要作用已经凸显。只是目前职业教育结构体系边缘化的现状、封闭性的办学体系和行政化的管理体制，致使行业、企业和社会组织参与职业教育的积极性较低。由政府推动的职业教育分级制改革能够唤醒行业、企业和社会组织参与职业教育的积极性和热情。职业教育分级制改革的现实契机，增强了社会对职业教育的支持度，为职业教育管理体制改革和创新营造了现实氛围。

（二）职业教育分级制改革推动了职业教育管理体制改革和创新的进程

职业教育分级制改革的顺利推进，不仅有利于增强职业教育的社会吸引力，而且能够通过职业院校和企业的成功合作，建立灵活、开放的办学体系、投资体系和管理体系，从而推动职业教育管理体制的改革和创新进程。

职业教育分级是为了适应社会的分工要求和人才层次的结构特点，综合考虑我国业已建立的技能人才评价标准、学校教育制度、职业资格制度、社会组织和企业管理结构的一般特征、跨国企业培训体系、国际职业教育制度经验而建立的，并以初中后教育分流为起点、以五级架构为基础、具有发展性的职业教育分级结构模型。在此基础上，进一步建立职业教育分级体系内各层次之间的不同标准、功能的递进关系与内在联系机制，建立面向经济社会需求和人们求学需求的开放机制和运行规则，形成指导职业教育机构开展教育活动和受教育者接受职业教育的一系列制度和规范的总和，即职业教育分级制度。可以看出，职业教育分级制度是一系列职业教育制度、机制的总和，这些制度和机制的顺利实施和运行，一方面呼唤职业教育管理体制的改革和创新，另一方面无形之中也推动了职业教育管理体制的改革和创新。只有改革现有的职业教育管理体制，才能真正打通现有的中职教育和高职教育，实现职业教育的阶段性与发展性相统一；才能真正打通不同管理体制下各类职业教育资源的共用、共享和共生，在制度框架下实现职业教育组织个性和职业教育资源共性的统一；才能真正打通职前学校教育、职后培训，与普通教育相互通融的开放式、立体化的终身教育和终身学习的框架。

二、为职业教育管理体制改革和创新提供了多元合作的现实路径

职业教育分级制改革实际上就是一场职业教育多元合作的探索和实践，多元合作正是职业教育管理体制改革创新的目标定位。因此，职业教育分级制度的改革为职业教育管理体制的改革创新提供了现实契机，为多元整合机制的运行提供了现实土壤，开辟了职业教育管理体制多元合作的现实路径。

（一）整合机制的转变

职业教育分级制改革拓展了职业院校的办学功能，把原本分离的职前、职后教育与培训融合起来，把原本断裂的中职、高职教育链条链接起来，整合参与职业教育的社会力量，真正体现了职业教育面向人人、服务终身的价值追求。职业教育分级制改革之所以发生这样明显的变化，主要原因在于职业教育分级制度整合了职业教育管理的运行机制，带来了职业教育管理体制整合机制的转变。

在职业教育发展的早期阶段，行政化的职业教育管理模式为我国职业教育的发展带来了极大的促进作用。但是，目前我国经济增长方式的转变和产业结构的优化与升级使得社会复杂性和不确定性增加，职业发展和职业岗位的千变万化为职业教育的发展带来了很多机遇和挑战。而职业教育分级制改革就是为了适应职业教育的多元化、国际化和全程化要求，以经济转型和生产方式转变为契机，利用利益整合机制和信任整合机制把职业教育的办学、管理、监督、评价等功能推向市场、推向社会，从而吸引大批知名企业参与职业教育分级制改革，政府、企业与社会组织共担职业教育大业，提高职业教育的办学效率，更好地为经济和产业发展服务。

（二）信任整合机制的建立

职业教育分级制改革不仅改变了传统职业教育以"指挥—服从"为特征的管理模式，而且更为重要的是，其开放、灵活的办学体系和学习框架为职业教育管理体制中信任整合机制的生成创造了条件。

很多企业都参与了职业教育分级制改革，究其原因，一是企业从分级制改革中看到了职业教育大发展的曙光，看到了职业教育发展对经济发展和企业发展的推动和引领作用，看到了职业教育的终身性、全程性带给企业的益处；二是这些参与的行业企业信任职业院校、信任职业教育分级制度、信任政府在分级制改革中的推动和领航作用。实际上，只有权威整合、只有利益整合或二者兼而有之，都不可能让这些企业以饱满的热情参与进来，这种饱满的参与热情只有在信任整合的基础上才能被激发出来。然而，职业教育传统的科层管理结构影响甚至压制了行业、企业、社会组织对职业教育的关注度，阻断了这些组织参与职业教育的热情。

职业教育分级制改革打破了职业教育结构化的权威关系，建立了以信任整合机制为主导的权威整合、利益整合和信任整合融合的三元整合机制，并且这种信任是互动、多元的信任。第一，政府要信任学校、行业、企业和一些社会组织，在给他们提供法律和制度保障的基础上，用统一标准对职业教育组织进行认证授权，让这些组织根据法律规定的权力和责任范围，充分发挥自身的优势，自主办学、自主管理、自主运行，在相互沟通、相互对话的过程中，有效解决各类职业教育组织存在的沟通不畅、信息阻塞、资源短缺等问题，使职业教育资源能够在职业教育组织之间流动，互补和共享，逐步建立职业教育管理体制的自组织运行机制。第二，参与职业教育的组织成员之间要相互信任。不但企业与学校之间要相互信任，企业、学校、家庭和社会之间也要相互信任。并且，这种信任会加固职业教育多元合作的关系，使职业教育法律制度的实施和运行更快捷、更有效。

（三）多元合作路径的开辟

职业教育分级制改革的目的就是形成终身框架体系的职业教育，以满足社会进步和经济发展对职业教育提出的现实要求。要想实现这一目标，既需要职业教育办学组织之间的多元合作，形成多元合作的办学体系，又需要职业教育管理组织之间的多元合作，形成职业教育管理体制改革和创新的多元合作格局。这样才能真正把职业教育分级制改革落到实处。从目前来看，职业教育分级制改革开辟了职业教育管理体制多元合作的现实路径，主要体现在以下三个方面：

1.开辟了资源统筹的现实路径

职业教育分级制改革要满足全社会对职业教育的需求，必须统筹和扩大职业教育资源，树立职业教育的大资源观。职业教育多元合作的主要领域之一就在于资源的互补与共享。资源互补是组织间合作的关键动力。职业教育分级制改革不仅打通了不同职业教育组织、不同职业教育层级、不同职业教育时段之间的互动、互融通道，形成职业教育大资源观，而且这种立交桥式的互通构架为大资源在职业教育终身框架中的流动、互补和分享提供了可能，为职业教育资源整合和优化配置提供了可能。所以说，大资源观的提出和实施开辟了职业教育管理体制资源统筹的现实路径。

2.开辟了信任与合作一体化的现实路径

在终身教育的框架下，职业教育最突出的特征就是其职业性。职业教育的职业性要求职业教育必须满足社会的职业需求，因为职业需求是推动职业教育改革发展的原动力。这里的职业需求包括满足经济社会发展对职业人才的需求和满足社会成员终身职业发展的需求。经济社会发展需要什么？终身职业发展又需要什么？职业院校无法准确把握，这就需要去问行业、去问企业。那么，行业和企业为什么要回答和解决这些问题？只有当这些问题成为企业自身发展的障碍时，才会引起其关注和重视。因此，也只有政府、学校、行业、企业成为信任网络结构中的一个不可或缺的节点时，职业教育的多元合作才有可能成为连贯性、一致性和开放性的合作。

职业教育分级制改革打通了非学历培训、转岗培训和成人继续教育的通道，提供了政府、行业、企业、学校和社会组织愿意合作共治的制度环境，构建了开放的、灵活的、自组织的终身教育框架体系，推倒了横亘在这些组织之间影响合作和信任的重重壁垒，为职业教育管理体制的改革和创新开辟了信任与合作一体化的现实路径。

第四章　东西部协作背景下职业教育教学理念

何为"理念"？"理念"有四个方面的含义：一是理性认识，二是理想追求，三是思想观念，四是哲学观点。它反映了对事物的基本认识、思想、价值观、信念、意识、理论、理性、理智，以及反映上述内容的目的、目标、宗旨、原则、规范、追求等。教学理念是教学活动的指导思想和灵魂，指导教学行为和活动，是对教学的价值追求。

第一节　"一体化"教学理念

1906年美国俄亥俄州辛辛那提大学工程学院的教务长赫尔曼·施奈德提出了合作教育的思想。20世纪20年代，陶行知在《生利主义之职业教育》中认为，"职业以生利为作用，故职业教育应以生利为主义。生利有二种：一曰生有利之物，如农产谷，工制器；二曰生有利之事，如商通有无，医生治病。"为实现这一主张，陶行知提出工学团办学形式，即把学校、工厂、社会打成一片。"工以养生，学以明生，团以保生"是我国职业教育史上最早的以厂养校、以校兴厂的教育模式。1958年，我国提出了"教育必须与生产劳动相结合"的教育方针，一是"开门办学"，实行半工半读，实际上是学习与生产劳动交替进行，学生一部分时间在企业劳动，一部分时间在学校学习，校企双方对学生共同负责。二是让学生走出校门，投身社会（工厂、企业、农村及科研院所），把教学、生产、科研三者结合起来。这些把理论教学和生产实践相结合的主张和实践，为"一体化"教学奠定了理论基础。

一、"一体化"教学的含义

传统职业教育教学分为理论教学和实践教学,两者有各自的目标和任务,在不同的时间,不同的地点,由不同的教师分别进行,这是一种理论教学和实践教学分离的组织形式。这样的教学有许多弊端:

第一,容易造成理论和实践脱节。理论课教师不会教实践课程,不知实践中使用哪些理论,常常根据自己的想象或学科逻辑体系组织教学内容,不可避免地造成学生学习的一些理论知识在实践中用不到或已经陈旧过时,而一些实践中必需的理论知识却没有学到或学得不深、不透。受职业院校学生的抽象思维和逻辑思维水平限制,脱离实践的理论知识学生很难理解和掌握,也就达不到指导实践的目的。

第二,降低学生学习兴趣。职业院校学生的学习动力主要来自实践应用,即学习兴趣具有明显的职业倾向。理论教学和实践教学的分离使学生不清楚理论的应用价值,造成职业院校学生学习理论课程动力不足。失去理论指导的实践教学,只能变成简单的重复练习,单调枯燥,不能有效激发学生的探索精神,也不能使学生形成良好的职业情感。

第三,不能满足现代生产活动对人才的质量需求。现代生产活动要求劳动者不仅能操作机器,还应该懂得生产原理,具有一定文化素养和理论基础。脱离理论的实践,把学生变成只会重复操作的"机器",使学生不能有效改进生产工艺和适应技术进步,降低了生产能力,也限制了学生的发展。

所谓"一体化"教学理念,就是在教学活动中把理论教学、实践教学、生产服务、科技开发等内容结合起来,在实践中教理论,在运用中学技术。其含义包括:教学目标"一体化"、教学内容"一体化"、教学时空"一体化"和师资"一体化"。

(一)教学目标"一体化"

职业教育教学目标是一个关于学生素质的整体要求,概括起来包括知识与技能、过程与方法、情感态度与价值观等方面,各要素之间密切联系,是一个有机整体。教学目标"一体化"要求从整体去理解和实现目标,不能把它分解成"零件"。传统教学把"应知"和"应会"简单分开,然而要使学生形成现实生产能力,"应知"就需"应会",否则"应知"没有意义;"应会"也需"应知",否则不能适应生产和学生发展需要。黄炎培先生把"谋个性发展"作为职业教育的首要目的,培养人、促进人的发展是职业教育的根本,不能把职业教育的教学目标简化为动作技能。

(二)教学内容"一体化"

教学内容"一体化"是把理论内容和实践内容有机结合起来。理论和实践本是统一的,理论来自实践又指导实践。职业教育教学内容中不存在没有实践的理论,也不存在没有理论的实践。职业教育教学要围绕实践教授相应理论。所谓理论包括能直接指导实践的理论和间接指导实践的理论,如文化基础内容教学培养了学生理解能力、思维判断能力等,间接为指导实践服务。当前,为满足学生转换职业和在职提高的需要,职业教育教学应围绕实践内容,提供较宽泛的理论基础。所谓实践包括动作技能教学、生产能力教学和为培养学生综合实践能力而开展的生产、服务、技术推广、毕业设计等。

(三)教学时空"一体化"

教学时空"一体化"是"一体化"理念在时间和空间上的统一,即在同一场地、同一时间完成教学的多种任务。职业院校的教学场地有教室、实验室、实习车间和生产车间等,各场地有不同的功能,但不能绝对化,应提倡场地的综合性功能。在不同的教学时段,其教学内容和教学目的可以有所侧重,但不能单一化。

(四)师资"一体化"

师资"一体化"是落实"一体化"教学理念的保证。"一体化"教师又称"双师型"教师。能够胜任"一体化"教学内容,实现"一体化"教学目标的教师就是"一体化"教师。

二、"一体化"教学理念的运用

（一）变封闭教学为开放教学

黄炎培提出了"大职业教育主义"主张，认为把学校与社会紧密地联系起来，是提高教育教学质量的一条有效措施和发展职业教育的必然道路。加强学校与企业间的合作关系，是世界职业教育的共同特征。随着现代化生产的发展，教育与生产的联系日趋密切。企业间的竞争依赖于技术工人生产出高质量产品，这需要职业院校培养出高质量人才。而职业院校为了实现办学宗旨，也需要对口的企业为其提供改善办学条件的资金、设备和先进技术等。校企联合，确定培养人才方案；走出校门，结合生产实际组织教学；聘用生产一线的工程技术人员担任教师；安排教师定期到生产一线工作等措施，能有效加强学校与企业的联系。"一体化"教学理念只有通过学校和企业联合培养人才的办学模式，才能最终实现和贯彻。

（二）教学和生产、科研相结合

教学和生产、科研相结合，是指三者内容上的结合和一致性，生产中用什么，教学中就教什么，教师就钻研什么。职业教育中教学、生产和科研三者相辅相成不可割裂，不可偏废。其中，教学为生产和科研奠定理论基础，创造有利条件；生产包括产品制造和技术服务，不断对教学提出新的要求，为科研提供新课题；科研包括科学发现和学习最新知识技术，为教学充实新内容，为生产开辟新途径。

教学内容和生产结合，能保持学用一致，增强教学内容的实用性。同时，每一个专业都有许多内容是在课堂上学不到的，只有亲临现场同专业人员一起工作才能切实体会。学生在生产现场的实践，能够弥补教学的不足。如果再结合科研，则能保证教学内容和生产技术的先进性，培养出掌握先进技术的人才，也能使生产不断扩大。

教学、生产和科研相结合要以教学为主。教学是学校教育的基本活动。以教学为主组织开展学校的各项活动，是学校教育的规律和特点所决定的。否则，就会偏离国家教育方针，造成教学质量下降。生产和科研要围绕教学开展，保证教学所需的课时、场地、设备、材料和资金。职业教育的科研不同于普通教育的科研，其重点不是发明创造，而是学习新技术，了解新信息，掌握新工艺，转化新成果。这要求职业院校教师不断更新知识，了解专业领域的新动向。

（三）建设一支"一体化"师资队伍

建设一支"一体化"师资队伍是职业教育发展的需要，这是由职业教育的性质和培养目标决定的。职业教育要培养适应生产、建设、管理、服务第一线需要的技术应用型人才，必须以社会需要为目标，以技术和应用能力的培养为主线设计教学体系和培养方案，围绕"应用"构建课程体系。基础理论教学为应用服务，以必需和够用为度，加强针对性和实用性，追求理论教学与实践教学的一体化。"一体化"师资队伍的建设是实现这一目标的关键。

我国职业院校的教师来源有两个主要渠道，一是普通高校应届毕业生，包括普通师范大学、综合大学、高职院校等；二是社会招聘，包括各种有实践经验的工程技术人员等，他们取得教师资格以后，以专职或兼职的形式担负教学工作。职业院校应根据每个人的不同情况进行培训，"缺什么，补什么"。职业教育是一种与社会密切联系的教育形式，职业院校教师只有走向社会，接触生产实际，才能了解生产技术的变化，从而更新教学内容。因此，职业院校应建立非文化课教师定期到生产一线锻炼的制度，为教师接触生产实际和了解科技进步的发展动向创造条件。

第二节　行为导向教学理念

"行为导向"指以行为或工作任务为主导方向的职业教育教学改革理论或策略。在国内，大部分专家把它归类为教学法或一种课程开发模式，实际上拉低了"行为导向"在职业教育教学改革中的地位。行为导向关注培养学生的职业行为能力（也有翻译为关键能力或者完整的职业能力），自 20 世纪 80 年代产生以来，逐渐成为德国职业教育与培训改革的主流,并日益为世界各国职业教育与培训界人士接受和推崇。

一、行为导向教学的含义

德国职业教育专家塔德·特拉姆在《综合经济形势中的学习、思维和行为——在商务职业培训中运用新的工艺》中对行为导向作出了明确界定:"行为导向是一种指导思想,培养学习者具备自我判断能力,懂行和负责的行为。它可视为主体得以持续发展的过程,也就是说在这一过程中,他们所获得的知识和能力在实践活动中得以展现。"行为导向教学强调学生是学习过程的中心,教师是学习过程的组织者与协调人,教师遵循"咨询、计划、决策、实施、检查、评估"的行动过程,在教学中与学生互动,让学生在自己"动手"的实践中,掌握职业技能、习得专业知识,从而构建属于自己的经验和知识体系。

在教学活动中,行为导向教学体现以下几种观念:①教学的结果是学生的学习,而非教师的教导;②学习的成效在于学生行为的改变,包含内化、外显行为;③每项学习的积累,部分的结合,都可以成为整体;④任何存在的事物,都是以某种量的形式存在的,因此可以测量。

行为导向教学在教学过程中必须包含四个要素,简称 A、B、C、D 要素,分别为:A 代表谁来执行这项行为,如学生、学习者,英文简称为 audience;B 代表达到目标的实际行为是什么,如"撰写一篇文章"或"分析引擎结构"等动作,英文简称为 behavior;C 代表完成行为的相关条件,如"30 分钟内完成""不得参考操作说明"等,英文简称为 condition;D 代表评定行为表现成功的标准,如"误差在 3 厘米以下""答对 90%"等,英文简称为 degree。

综合上述分析,行为导向教学是一种职业教育教学理念,以追求学生的行为改变为教学目标,通过师生的交流和活动,在真实的工作场景中,使学生形成符合生产需要的行为规范。

二、行为导向教学的特点

（一）以学生为主体

学生是具有主观能动性的个体，在教学过程中他们是认识的主体，外界的影响、教学的内容，都要经过他们自身的判断、选择、吸纳，才能发挥作用。学生只有充分发挥自身的主观能动性，才能真正自觉地、积极主动地获取知识和实现自身的发展。体现学生的主体作用，既是教师顺利进行教学的必要条件，也是学生发展的必要条件。学生的发展需要教师的指导，但还需要自己的努力。积极的主体作用是学生发展的内因和动力。在传统教学中，教师的作用表现在课堂上的讲解；在行为导向教学中，教师的作用则表现在准备教学情景、营造学习气氛、组织和引导学生解决问题。

（二）以改变学生行为为目标

行为是人的思想、能力的外在表现，职业教育教学要使学生形成现实生产能力，教学效果要依靠学生外显的行为来检验。

（三）以实践任务为内容

传统的教学内容以学习间接经验为主，偶尔也学习一些直接经验，目的是为验证间接经验服务。行为导向教学以学习直接经验为主，以生产实践中的工作任务为教学内容，围绕学生的生产实践过程传授知识、训练技能、培养能力，突出实用性和职业针对性。脱离生产实践的工作任务不可能使学生形成适合生产需要的行为。

（四）以活动为方法

传统教学以教师讲解、学生听讲为主要方法，对传授知识原理等教学是有效的，但以改变学生行为为目标的教学，仅靠这种方法还无法完成，需要学生主动参与，在活动中主动训练和改变行为。教学过程中的大部分时间应是学生自主活动时间，教师则为学生提供指导和帮助。

三、行为导向教学理念的运用

（一）角色扮演

角色扮演教学就是设计或模拟生产实践活动、社会生活和企业组织等各种真实的生产、服务、管理、生活情境，由两个或两个以上的学生扮演情境中的各种角色，在接近实际的环境中去学习各种职业活动以及处理其中的人际关系，并寻找具体的有关行业问题的解决方法。在角色扮演教学中，教师和学生可以构思一个情境或问题。这个情境或问题可以是实际已经发生或可能发生的事例，然后让学生针对这个情境或问题设身处地地来处理或提出解决的办法，以此培养学生分析问题和解决问题的能力。

（二）微格教学

微格教学于 20 世纪 60 年代产生于美国，是通过缩减的教学实践，培训师范生和在职教师教学技能的一种教学模式。微格教学在 20 世纪 80 年代初期传入我国后，主要在训练师范生或在职教师教学技能时使用。微格教学要求学生在讲台上进行较短时间的教学，根据其行为表现，有针对性地指出在哪些方面还存在不足，如语言的连贯性、内容的逻辑性、事例的准确性等，帮助练习者纠正错误，并重复练习。职业教育的部分专业，如营销、服务等专业，可借鉴此模式，对职业活动中的某项技能进行训练。

第三节　能力本位教学理念

一、能力本位教学的含义

本位一词是地位和重视程度的反映。职业教育教学的核心是什么？对于这个问题，曾出现过多种观点，如道德本位、政治本位、知识本位、技能本位等，近年来又出现了素质本位、人格本位等观点。能力本位教学是围绕职业活动中需要的实际能力，以职业分析为基础组织课程、开展教学、进行评价的一种教学思想。它以全面分析职业活动中从业者的活动内容、素质要求为出发点，以提升学生完成工作任务所需要的能力为基本原则，强调学生在学习过程中的主体地位，使学生具备从事某一职业所必需的实际能力。能力本位思想要求在教学活动中，突出能力的培养，强调学校与社会、理论与实践的联系，这是职业教育本质的必然选择，是职业教育特点的反映。

能力本位的思想源于 20 世纪 60 年代，是美国在师范教育改革中提出的。当时人们认为采用学科课程培养教师的师范教育存在许多问题，培养出来的教师教育教学能力低下，不能满足社会需要。有人提出，应根据教师每一项工作内容，分析教师职业的能力要求，确定教师的能力标准，并以此来培养教师，这一改革思想被称为"能力本位"。20 世纪 80 年代后，美国产业界强烈要求提高劳动者的职业能力，认为当时的职业教育与就业需求缺乏联系，学校只重视学生知识和理论的获得，而学生在劳动过程中缺乏实际操作能力。由此，能力本位思想被应用到职业教育改革中，以后逐渐传播到其他国家。20 世纪 90 年代初，能力本位思想通过我国和加拿大职业教育合作项目传入我国，在铁路运输、石油化工等行业被广泛推广，引起了人们的关注。能力本位思想传入我国后，有几种称谓，如能力本位职业教育、能力本位培训、能力本位教育等。

能力，指的是直接影响人们活动的效率，保证活动顺利开展与完成的个性心理特征。能力可分为两大类，即一般能力和特殊能力，一般能力是完成任何事情都需要具备的能力，如记忆能力、观察能力、创造能力等；特殊能力是完成特定任务所需要的能力，如双手协调能力、音乐能力等。个人能力的结构和水平是一般能力和特殊能力有机结合的结果。有些能力先天成分较多，有些能力后天学习成分较多。个人能力是先天遗传和后天学习相互作用的结果。结合素质教育思想和我国职业教育实践，能力本位概念中所说的能力，不仅指操作技能，还包括培养学生将来在社会上就业、适应、竞争和发展的能力，在工作中具体的发现、分析、解决和总结问题的能力，操作、应用、维护和维修能力，以及独立、协作、交往、自学、心理承受能力。能力不同于知识和态度，能力本位是强调围绕能力开展教学活动，表明了能力在教学活动中的地位。能力本位不是能力唯一，在对学生的素质要求中，知识和态度也是重要组成部分。

二、能力本位教学理念的特征

（一）教学目标明确化

第一，能力本位教学目标对培养人才的定位明确，即培养具有一定理论知识和较强实践技能，具有某种职业岗位能力，全面发展的技术应用型人才。第二，教学目标表述详细、具体、可测量，是否达到，一目了然。

（二）教学内容模块化

能力本位教学要求打破学科体系界限，不再局限于单一学科知识的系统性和完整性，而是按照岗位能力培养的需要，有针对性地选用相关学科的知识进行重组，构成不同需求的模块，强调所学知识的实用性。一项任务常常涉及多个学科，既有理论又有实践，学完一项内容，学习者就能完成一项职业岗位中的工作任务。

（三）教学组织个别化

教学内容的模块化，为个别化的教学组织提供了可能。每个学习者在学习前，都可以参阅标准大纲和以此确定的学习内容，把其中自己已经了解和掌握的部分提取出来先进行考核检查，考核通过后便可把该部分内容从标准大纲中划除，不再重复学习或培训。在同一个学习培训目标下，每个学习者由于个体条件基础的差异，可使用不同的实施大纲和完成不同的内容。

（四）教学评价客观化

能力本位教学需要建立详细具体的目标体系，包括综合目标、专项目标、层次目标和单元目标等。实施过程中的每一步、每一个阶段都要根据目标进行考核和管理，使学习者可以及时得到反馈，从而调整学习活动。

三、能力本位教学理念的运用

实施能力本位教学，共分五个步骤进行，即分析职业能力、确定能力标准、设计职业课程、采取灵活方式、进行能力评估等。其核心是相关能力的确定和解析，即确定能力标准。

（一）分析职业能力

分析职业能力是实施能力本位职业教育的第一步，其目的是将一个职业工作划分成若干职责，再将每个职责划分成若干个任务，从而确定对应各职责的综合能力和对应各项任务的专项能力，并加以分析。

那么，谁来进行职业能力分析？一般是由一个专门委员会完成，该委员会由在企业长期从事该项职业工作、具有丰富实践经验的优秀管理人员和技术人员组成。分析工作的基本步骤是：确定所要分析的职业工作及其工作结构；确定职业工作的各项职责和工作任务；说明履行工作职责所需要的综合能力和执行工作任务所需的专项能力；对所确定的综合能力和专项能力进行分析研究。委员会的成员可采取个人面谈、问卷调查、岗位观察和工作描述等方法获取有关信息。职业能力分析应注意对职业活动中所需的职业能力进行全面分析，不能只停留在操作技能方面，还应包括知识、态度以及构成人素质的各种能力。

（二）确定能力标准

依据职业能力分析的结果，一些国家确定了各自的国家能力标准。所谓国家能力标准，指的是按照就业中所必须履行的工作职责和所必须执行的工作任务，就其所涉及的知识、技能以及这些知识、技能的应用所作的明确说明。

各国的国家能力标准通常有一个统一的表述格式，以确保各行各业制定的国家能力标准的一致性和全面性。英国的国家能力标准由能力单元、能力要素和操作标准三个部分组成，而澳大利亚的国家能力标准则由能力单元、能力要素、操作标准、适用范围和检验情境五个部分组成。能力标准的格式是以能力单元为基础的，说明了各职业的主要职责、任务和专项能力群；能力要素是能力单元的基本构成组块，进一步说明该能力单元中的各主要职责和任务，完善和补充说明能力单元项目中所需知识和技能的应用；操作标准详细说明了履行工作职责所要求的各项操作技能等级，包括履行专项能力所需的主要技能、决定性环节和相关的工作态度等；适用范围说明了该能力单元适用的职业范围；检验情境说明了对学员进行能力评估与检验的情境。

国家能力标准的确定，可以使国家具有统一授权认可的标准，并可据此制定全国通用的职业资格证书。

（三）设计职业课程

职业课程的设计通常是由企业家和技术专家参加的以教育专家为主体的专门委员会来完成，依据国家能力标准，遵循适应性、综合性和层次性诸原则，运用教育领域内系统设计和模块化设计等重要成果来进行。

一些国家，如澳大利亚对职业课程内容的确定通常分四步进行。第一步必须考虑五个大问题：一是课程内容怎样和能力标准相联系；二是课程的教学目标是什么；三是课程如何适应整个职业教育模式和教育过程；四是学员的教育经历、工作经历和居住地区及其对课程设置的影响；五是哪些部门应参加课程设置工作。第二步是了解、组织、整理课程应包括的知识、技能和工作态度，必须考虑三个方面的问题：一是学员在不同学习环境里应掌握哪些知识、技能和工作态度去实现学习目标；二是学员要掌握哪些必要的专业知识、技能和工作态度，以适应将来发展和变化的社会环境；三是用哪些参数可确定专业知识的深度和范围，使学员掌握履行工作职责中所需要的技能，包括工作技能、管理技能、处理意外情况的技能和适应工作环境的技能。第三步是确定课程结构，其关键是如何使学员迅速、有效地达到能力标准，主要包括：如何在课程设置中组织和归纳知识、技能和工作态度；怎样确定课程中包含模块的名称、数量、模块之间的联系及其在课程中的位置；审核模块的结构是否保持了知识的完整，是否强化学习，是否对实践技能有足够的训练，是否使理论和实践相结合、知识和技能相结合、一般和特殊相结合。第四步是写出模块说明，主要包括：模块的整体目标是什么，它=与其他课程及能力标准怎样联系；模块的学习目标和评估标准是什么，学员在其学习环境中需要掌握哪些知识，可表示他们达到了学习目标；学员在什么条件下学习和接受评估；评估各课程学习结果的最好方式是什么，几门课能否同时评估；最有效的教学培训实施模式是什么；模块还包含哪些知识和技能等。

（四）采取灵活方式

能力本位职业教育力图使人们能够从人生的不同阶段，以不同的水平与方式进入职业教育体系，并可在这一体系中经过自身的不断努力取得所需要的职业资格，直至最高职业资格。因此，能力本位职业教育努力在学习成果的认可和职业教学的方式诸方面追求灵活、开放。

在教学的方式上，强调职业的需求和学员在学习过程中的主体地位，使教学最大限度地个性化，最大限度地调动学员的积极性。学员可以按照自己的情况选择学习方式，如个人自学、小组或班级学习、全日或半日学习；可以自定学习计划，即在教师的指导下，学员可以对模块课程进行取舍和组合，选择学习目标、学习内容和学习时间；可以根据自己的水平选择学习进度，不必担心自己赶不上别人或等待别人一起学习。学员一旦掌握了一种技能，马上就可以进行下一个项目的学习；可以在教师评估前，先进行自我学习效果测定，这样就不会造成考前精神上的压力。这种方式增加了学生学习的责任感和主动性，学生在学习过程中不但获得了求职的本领，而且掌握了学习的策略（目标、途径和方法），后者将使学生在终身教育中受益无穷。在学生个性化的学习过程中，教师也转变了角色，从一个单纯的信息传播者转变为学生学习的管理者、促进者。

（五）进行能力评估

知识、理解力和技能的最佳习得途径是实践，并且最终要体现在实际应用的情境中。知识和理解力的内在构造也只能从可观察的行为中推断出来。因此，对职业能力进行评估，就必须采取可观察的方法收集证据，进而推论学员的能力水平。在评估方法上，能力本位职业教育的显著特点是采用标准参照，而不是常模参照。评估是按照预先确定的国家能力标准来进行。学生在开始学习时，就已经知道了评估标准。

第四节　互动共振教学理念

一、互动共振教学的内涵

任何个体都是在与周围环境相互作用中存在和发展的，接受周围环境的影响又影响和作用于环境。广义的互动指事物和事物之间的相互作用和影响，可以发生在物与物之间、物与人之间、人与人之间。一切事物都与外界存在联系和作用，互动是自然物的存在方式，是事物生存和发展的根本。通常说的互动是狭义的互动，是指人与人之间的相互作用和影响，必须发生在两个或两个以上的人之间。互动是双方或多方的彼此能动过程，是影响他方并接受他方影响的活动，其特点是具有交互性。如果只是两个人简单的命令与执行、刺激与反应，一方主动另一方被动接受则不能称为互动。互动教学强调互动对教学的重要性，认为交互作用是促进学生发展的有效方法。

共振本是物理学概念，指两个振动频率相同的物体，一个发生振动时，引起另一个物体振动。实际上，共振不仅是物理现象，广泛存在于人类社会生活的许多方面。例如，管理过程中的"头脑风暴法"是一种认识、思维的共振，能够创造出思想的火花；集体活动中情感的相互感染，是一种情感的共振，能够使人们群情激昂；生活中的"从众现象"，是一种行为上的共振。人和人之间接触、交往、共事就可能产生共振，运用好共振效应可以提高工作效率，达到"一加一大于二"的效果。教学是教师和学生组成的共同活动过程，有交流就会产生共振。教学过程中互动是共振的前提，共振是互动的结果，有互动就必然会产生共振的效果。

互动共振教学是通过师生相互配合、交流，达到促进学生发展，教学相长的效果。传统的以认知心理学为基础的教学理论，把教师和学生割裂、对立开来，把生动的教学活动简化为学生的认知，或者强调教师教的技巧，或者强调学生学的方法，而教师和学生如何配合却没有得到应有的重视。教师只管教，把信息发出去就算是完成了任务；学生只管学，勤奋、刻苦、完整地接受并记忆信息就是好学生。现代教学论认为教学不是教师或学生单方面的活动,而是师生双方的共同配合、对话、交流、激发、共振的活动。现代教育思想更强调教学的交流作用。互动共振是开展教学工作的基本理念。

互动共振教学包括两个方面,一是情感方面的互动共振,二是认识方面的互动共振。情感方面的互动共振是指师生在教学过程中情感高度一致,共同处于积极、愉快、兴奋的状态。课堂教学既是知识传授的过程,又是复杂的心理活动过程,一些非智力因素参与学习活动,直接影响着学习效果。师生在互动过程中增加了接触和了解,教师对事业的追求、对学生成长的关心、对教学内容的态度都会对学生的发展产生影响;学生的勤学好问、积极向上、刻苦成才的精神也会提高教师的工作责任心。

认识方面的互动共振是指在教学过程中师生思维呼应合拍,相互启发创新,探索科学结论。素质教育思想提倡启发引导式教学,重视对学生能力的培养,主张通过教师的帮助,使学生自己发现知识并获得发现的乐趣和能力,反对以在学生头脑中建造小型"图书馆"为目的的"灌输式"教学。传统观念认为教师是无所不知、无所不能的"圣人",而实际上,在现代社会中学生可以从多种渠道获得知识,教师垄断不了知识,甚至在有些方面都做不到"闻道在先"。学生思维活跃、富于创新,有许多有价值的观点,对教师具有启发作用和借鉴价值,教师应该善于向包括学生在内的任何人学习。

情感互动共振是认识互动共振的基础,是为认识合作服务的,如果没有情感的互动共振,在认识过程中就很难有愉悦的体验,也就很难迸发创新的火花。认识互动共振是教学的最终目标,如果只停留在情感互动共振基础上,就无法完成教学任务。

依据主体的不同,互动共振教学有三种方式,即教师和学生之间互动共振;学生和学生之间互动共振;教师和教师之间互动共振。

二、互动共振教学的理论基础

(一)对教师教与学生学相互关系的认识

教学是教师与学生所组成的双边活动过程,这一活动的共同目标就是完成教学任务。这一目标把教与学连接成一个整体,教主导着学,学离不开教;教是为了学,而且要依靠学;学需要教的指导,而且必须发挥自身的主体作用。教师的主导作用和学生的主体作用相互联系、相互制约。学生的主体作用是由其自身的发展规律决定的。

学生的发展需要教师的指导，但最根本的还要靠自己的努力。教师在教学过程中，如果不注意激发学生的兴趣，讲得再好，也不会收到应有的效果。积极的主体作用是学生发展的内因和动力。教师的主导作用与学生的主体作用相统一的规律，体现了内因与外因的辩证关系。事物的发展，内因是根据，外因是条件，外因必须通过内因起作用。

处理好教师的主导作用与学生的主体作用的关系，就是始终注意把二者统一起来。教师和学生地位平等、交流合作、任务分工、相互监督、和谐发展。完成教学任务是教师工作的重要目的，体现学生的主体作用是完成教学任务的重要条件。教师不能只顾教不顾学。教是为了学，但教还要达到少教或不教，使学生也能主动地学而且多学。这就需要启发学生发挥主观能动性，提升其自我学习、自我发展的能力。

（二）建构主义学习理论

近年来，把学生作为知识灌输对象的行为主义学习理论，已经让位于把学生看作是信息加工主体的认知学习理论。建构主义也译作结构主义，是认知心理学派中的一个分支。其最早提出者可追溯至瑞士的让·皮亚杰。他认为，儿童采用"同化"或"顺应"两种方式与周围环境相互作用，从中逐步建构起关于外部世界的知识，使自身认知结构得到发展。同化是指把外部环境中的有关信息吸收并结合儿童已有的认知结构（也称"图式"）中，即个体把外界刺激所提供的信息整合到自己原有认知结构内的过程。顺应是指外部环境发生变化，而原有认知结构无法同化新环境提供的信息时所引起的儿童认知结构发生重组与改造的过程，即个体的认知结构因外部刺激的影响而发生改变的过程。皮亚杰认为，当儿童能用现有图式去同化新信息时，他是处于一种平衡的认知状态；而当现有图式不能同化新信息时，平衡即被破坏，而修改或创造新图式（即顺应）的过程就是寻找新的平衡的过程。儿童的认知结构就是通过同化与顺应过程逐步建构起来的，并在"平衡—不平衡—新的平衡"的循环中得到不断的丰富、提高和发展。后来，维果茨基等人在认知结构的性质与认知结构的发展条件，个体的主动性在建构认知结构过程中的作用，"交往"在人的高级心理机能发展中的作用等方面发展并完善了皮亚杰的理论。

建构主义理论强调学生对知识的主动探索、主动发现和对所学知识意义的主动建构，认为知识只有与自身经验相结合才具有应用价值。学习不是由教师把知识简单地传递给学生，而是由学生以自己原有的知识经验为基础，对新信息进行认识和编码，建构自己的理解。教学不能无视学习者已有的知识经验，简单、强硬地从外部对学习者实施知识的"填灌"，而是应当把学习者原有的知识经验作为新知识的生长点，引导学习者从原有的知识经验中，生长新的知识经验。教学不是知识的传递，而是知识的处理和转换。教师应该重视学生对各种现象的理解，倾听他们的看法，思考他们这些想法的由来，并以此为据，引导学生丰富或调整自己的认识。

（三）教学相长及"合作教育学"思想

对于"教"与"学"的关系，我国历史上很早就有教学配合、师生合作的思想，《学记》中明确提出了"教学相长"的观点，指出："学然后知不足，教然后知困。知不足，然后能自反也；知困，然后能自强也。故曰：教学相长也。"该理论揭示了学生是学习的主人，不是知识的消极接受者，只有通过学生的积极活动，才能实现知识的转化和能力的发展。第二次世界大战以后，世界各国掀起了教育改革热潮，出现了多种新的教育思想和思潮，这些教育改革几乎都有一个共同特点，即把发展学生的自主性、能动性、创造性，师生的互动以及教育教学过程的民主化、个性化放在首位。

三、互动共振教学的运用

（一）要倡导"主动参与、乐于探究、交流与合作"的学习方式

学生的学习有多种方式，按学习进行的形式可分为接受学习和发现学习；按学生对整个学习过程的控制程度可分为自主学习和他主学习；按新旧知识经验相互作用的情况可分为意义学习和机械学习；按学习中的组织形式可分为独立学习和合作学习。学习方式非常重要，决定了一个人的思维方式，最后会成为一个人的生活方式。不同的学习方式有不同的功能，不能简单地肯定一种学习方式而否定另一种学习方式。互动共振教学需要学生采取自主学习的方式。

德国柏林工业大学的教育专家克劳斯·杜霖形象地把学习比作"呼吸"的过程，强

调学习者不仅要"吸进"还要"呼出"。完整的学习过程至少应该包括思考、记忆、表达、传递以及行动。"呼吸"的最有效方式就是实践。学习理论研究表明，一个人的学习途径有听觉、视觉、听觉加视觉、自己动手实践等，其学习效率分别为：听觉20%，视觉30%，听觉加视觉50%，自己动手实践90%。职业院校学生可在一体化教室、实验室、工厂、车间等实际操作环境中进行"手脑并用"的学习。

（二）要与学生交流沟通

互动共振教学注重学生能力的培养和素质的提高。能力和素质的形成，依赖于学生的主动实践，交流沟通是实现这一目标的有效手段。互动共振教学充分体现了学生的主体地位，把学生看成是学习的主人。在对外界事物的认识过程中，学生只有自己观察、联想、想象、推理、判断、分析和思考，才能内化为自己掌握的知识，从而实现自身素质的提高，这一过程其他人替代不了。课堂应该是学生的"舞台"，教师是幕后的"导演"。要促进学生主体的发展，教师就要精心设计学生的主体活动，让学生真正学起来、主动学起来、创造性地学起来。

（三）要尊重学生，平等待人

实施全程共振教学方法必须建立平等、和谐的师生关系，在此基础上师生之间才能交流沟通，产生互动共振的教学效果。学生是独立的人，他们有自己的想法，不是教师可以随意支配的。如果教师采用命令、斥责、讽刺、挖苦，甚至辱骂和体罚等错误手段，学生的人格受到侮辱，必然会采取对抗、反驳、逃避等多种不合作手段。学生产生逆反心理，造成师生关系紧张，不仅不能达到培养目标，反而背道而驰。教师要时刻尊重学生的权利，尊重他们的看法和建议。

（四）要共同发展

传统教学方法强调的是教师对学生的指导，教师是"教授者"，把自己的所知所能展示给学生；学生是"学习者"，虚心接受，耐心观察，刻苦练习。互动共振教学法强调师生共振，不仅能提高学生素质，也迫使教师提高教学水平。学生如果在上课前已经对教学内容有所了解，就会提出有一定深度的问题，教师必须不断更新知识，才能准确回答，这要求教师从"准备什么卖什么"向"要什么有什么"转变。

从历史角度来看，有人认为教育发展经历了工具型教育—知识型教育—智能型教育阶段，正迈向创造型教育阶段。互动共振教学以引导学生探索发现为宗旨，培养学生的创新意识和精神。学生将广泛涉猎多种学术观点，并在比较批判中发展思维的流畅性、变通性和独创性。互动共振教学充分体现了"在做中学"的思想，有利于锻炼学生的查询资料能力、分析概括能力、科学研究能力、解决实际问题能力和口头表达能力。

第五章　东西部协作背景下职业教育教学模式

教学模式是沟通教学理念与教学实践的桥梁，有助于从宏观上把握教学活动整体及各要素之间的关系和功能，同时具有一定的有序性和可操作性。

第一节　教学模式概述

一、教学模式的含义

在汉语中，模式一词是指某种事物的标准形式或使人可以照着做的标准样式，如文化模式、教育模式、经济模式、社会模式、办学模式等。英文 model 可以译为"模式"，该词还能译成"模型""范例""典型"等意思。通过研究模式，可以把事物的主要因素、关系、状态、过程突显出来，排除了事物次要的、非本质的部分，便于人们进行观察、实验、模仿和理论分析。因此，模式研究成为近年来各领域的研究热点。

"教学模式"一词最初是由美国学者布鲁斯·乔伊斯和玛莎·韦尔等人提出的。1972年他们出版了《教学模式》一书，提出教学模式是"系统地探讨教育目的、教学策略、课程设计和教材，以及社会和心理理论之间相互影响的，可以使教师行为模式化的各种可供选择的类型"。该书介绍了信息加工教学模式、个性教学模式、合作教学模式和行为控制教学模式四大类，共 22 种教学模式。自 20 世纪 80 年代以来，我国教育界对教学模式的研究渐趋重视，并出现了一些重要的研究成果。对教学模式概念的界定也有多种，举例如下：

1.吴也显认为，某种教学方式的稳定化、系统化和理论化就是教学模式。具体地说，教学模式是在教学理论和实践的发展中形成的用以组织和实施具体教学过程的相对系统、稳定的一组策略或方法。

2.李秉德等人认为，教学模式就是在一定的教学思想指导下，围绕着教学活动中的某一主题，形成的相对稳定的、系统化和理论化的教学范型。

3.黄甫全等人认为，教学模式是开展教学活动的一整套方法论体系，它实质上是在一定教学思想或教学理论指导下建立起来的、较为稳定的教学活动结构框架和活动程序。

4.闫承利把国内研究者有关教学模式的定义归纳为两类：一类认为教学模式属于教学过程的范畴，或者提出教学模式就是教学过程的模式，或者认为教学模式是一种有关教学程序的"策略体系"或"教学样式"；另一类则认为教学模式属于教学结构的范畴。他认为这两种说法都有些偏颇，他赞成李如密提出的定义，即教学模式是指在一定教育思想指导下，建立在丰富的教学经验基础上的，为完成特定的教学目标和内容，而围绕某一主题形成的比较稳定且简明的教学结构理论框架，及其具体可操作的实验活动方式。

国内学者对教学模式的阐述虽不相同，但基本上形成以下共识：

（一）教学模式是教学理论与教学实践的中介

教学模式上联教学理论，是教学思想与教学规律的反映，是指导教学实践的一般原理；下联教学实践，将教学过程、教学方法、教学手段、教学组织形式融为一体。

（二）教学模式是整体概念

任何教学模式都有一套独特的系统化、结构化的方法和策略体系，涉及教学思想、目标、程序、师生配合方式、支持条件等要素的有机整合，是对教学的空间结构和时间序列的系统概括。教学模式在空间上体现了多要素的相互作用的方式，在时间上体现了操作的过程和顺序。

（三）教学模式涉及范围广

把教学模式限定在课堂教学过程中，而不涉及课程的设置、教材的选择等广义的问题，都是对教学模式的一种狭义的理解。

（四）教学模式不等于教学公式

在教学实践过程中，教师应在掌握其核心和灵魂的基础上，根据具体情况灵活运用教学模式。教学活动非常复杂，任何一个教学模式都是一个开放的和不断更新的动态系统。在实际应用中，教师可根据教学具体情况灵活变通，形成多种变式。

总结以上的分析，本书把教学模式定义为：教学模式是为实现特定教学目标而进行教学活动的基本样式。

二、教学模式构成要素

关于教学模式的构成要素，人们有不同认识。黄甫全等人认为，一个完整的教学模式的构成要素应包含五个方面：理论基础、教学目标、操作程序、实现条件（手段与策略）、评价。

闫承利认为，教学模式的构成要素应包括六个方面：指导思想、理论基础、功能目标、实现条件、活动程序、效果评价。

李秉德等人认为，教学模式的构成要素应由七个方面组成：指导思想、主题、目标、程序、策略、内容、评价。

结合各家的学说，笔者认为教学模式主要由下列五个因素构成：

（一）理论基础或教学思想

教学模式是一定教学思想的反映，这是模式得以形成的基础。一种教学模式将参与教学活动的诸要素按照特定的方式、特定的程序展开，反映了设计的教学思想。教学思想是教学模式的灵魂，反映了模式的内在特征。

（二）教学目标

教学模式为实现特定的教学目标服务。任何教学模式总是为完成特定的教学目标而设计出来的，设计者的价值取向不同，就会设计出各不相同的教学模式。教学目标是教学模式构成的核心要素，影响着教学模式的操作程序和师生的组合方式，也是教学评价的标准和尺度。

（三）教学活动程序

教学模式规定了教学诸要素间的配合方案，要求显示教学过程诸要素的相互关系和按照时间流程展开的各个教学步骤。教学活动总是在一定时空范围内进行，表现为一定的逻辑步骤和时间顺序。

（四）师生配合方式

教学是师生相互交流的活动，包含了认知信息的交流和人际关系的情感交流，这种交流的价值取向与方式、互动与配合构成了教学模式重要的能动要素。有人总结师生配合方式主要有四种类型：高度集中型，即教师是活动的中心，是信息的来源，是教学的组织者和协调者；温和型，即教师与学生在教学活动中相互平等，教师通过启发、引导学生自主进行意义建构，学生主动获取知识、发展能力；放任型，即以学生为中心，鼓励学生独立思考，教师只提供一些帮助和辅导，教学目标和教学内容具有较大的弹性；管理型，这是高度集中型和温和型的中间类型。

（五）支持条件

任何教学模式都必须在特定的条件下才能发挥作用。教学模式的支持条件包括教师的素质（师德、专业水平、教学技能等）、环境、设施、媒体（计算机及其网络等）、教学手段、师生人际关系等。

以上几个因素相互联系、相互制约，完整地构成了一定的教学模式。至于模式中各因素的具体内容，则因教学模式的不同而有所差异。

三、教学模式的构建

在现代科学方法论中,建模是一种重要的研究方法。科学研究有定性研究和定量研究两种主要方法。从模式论看,则有定性建模和定量建模两种建模方式。教学建模主要采用定性建模的方法。

教学模式的构建要遵循教学模式的结构进行。查有梁提出了定性构建教学模式的基本程序,如图 5-1 所示。

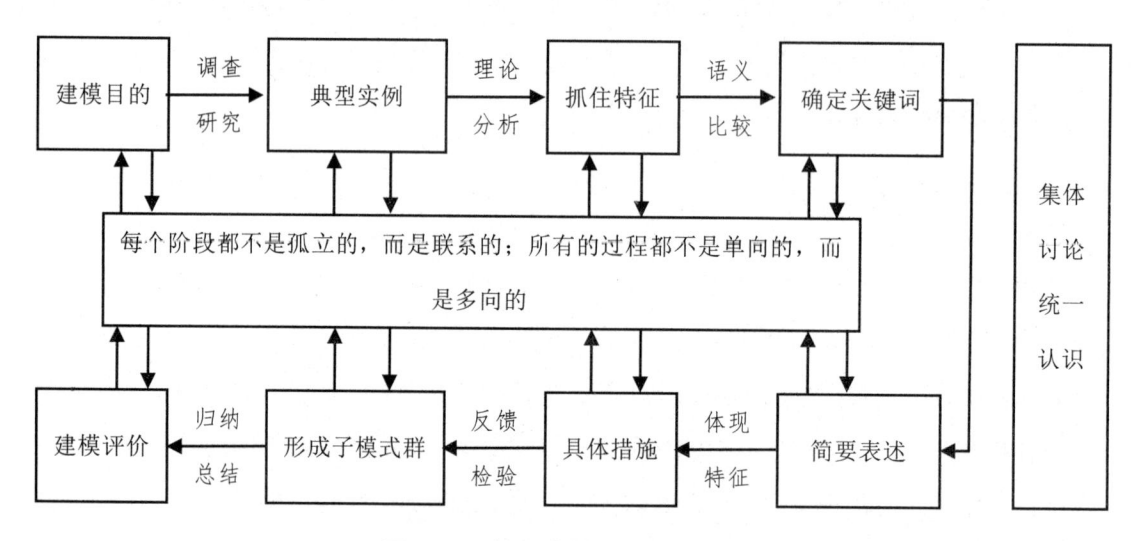

图 5-1　定性建模的基本程序

建模目的,即明确建立教学模式所达到的目的;典型实例,即通过调查研究,找出一个典型的个案;抓住特征,即通过理论分析,概括基本特征和基本过程(程序);确定关键词,即进行语义比较,找出表述模式的关键词;简要表述,即对模式作出简要的定性表述;具体实施,即在教学过程中实施模式,注意充分体现模式的特征和过程;形成子模式群,即在教学实践中,因实际情况不同,能"变换""适应",从而形成系列的子模式群;建模评价,即对模式的设计和实践进行归纳总结,以便改进。

上述各个阶段应是联系的、多向的,在理论和实践上,都要经过修改、完善、发展才能构建出一个有效的教学模式。

四、教学模式与其他概念的区别

教学模式是对教学活动的整体描述，包含教学理念、教学过程、教学原则、教学方法、教学策略等概念的含义，是上述概念的综合运用。

（一）教学模式区别于教学理念

教学理念是构建教学模式的灵魂，体现了教学模式的价值取向和建模目的，是一定教学思想的反映。教学模式介于教学理念和教学实践之间，比教学理念更具有可操作性。

（二）教学模式区别于教学过程

教学过程是开展教学活动的程序。教学模式除包括教学程序外，还包括教学思想、教学目标等。

（三）教学模式区别于教学原则

教学原则是根据教育目的、教学经验和对教学规律的认识而制定的，是教学过程中教与学必须遵循的基本要求。教学原则是指导教学实践的思想，具有普遍适用性，每一条教学原则均适用于各种教学活动；教学模式中包括指导教学的思想，一般只在固定模式中使用，不同模式反映不同教学思想。同时，教学模式还包括教学程序等内容。

（四）教学模式区别于教学方法

教学方法是为实现教学目的，完成教学任务，运用教学手段，师生相互作用的一系列活动方式，包括教法和学法，是教法和学法的有机结合与统一。教学方法的种类很多，教学实践中要依据教学目的、教学内容、学生特点、教师自身特点和客观条件选择合适的教学方法。

教学方法是教学活动的操作方式，涉及师生如何配合完成教学任务。教学模式除了要有这些内容外，还包括教学思想、教学程序等含义。

（五）教学模式区别于教学策略

策略是为达到某一目的而采取的手段和方法，《辞海》中解释为"计策谋略"。教学策略是近几年在教育领域广泛使用的概念，对其含义的理解主要有三种观点：一是方式、方法说，指为实现教学目标而采取的一套特定的方式或方法，根据教学情境的要求和学生的需要可以及时调整，具有灵活性；二是教学方案说，是针对具体问题，进行教学组织和安排，能够高效率完成教学任务的方案；三是教学执行过程说，是调节、控制教学的执行过程。笔者倾向于第一种说法，把教学策略看成是教学模式在实施过程中所采用的教学方式、方法和措施的总和，基本等同于教学方法，是教学模式的一个构成要素。

第二节　常用教学模式

教学活动本身丰富多彩、形式多样。人们设计和总结的教学模式有几百种，本节仅介绍职业院校在教学活动中经常使用的几种教学模式。

一、认识过程模式

（一）理论基础

认识过程模式以认识论为理论基础，根据人类认识过程的一般规律，即从实践到认识（由感性认识到理性认识）再到实践，结合教学过程特点，从学生学习知识角度演绎变化而来。该模式的着眼点在于充分挖掘人们理解和掌握知识技能方面的潜能，以使学生迅速、有效地在单位时间内掌握较多的信息，体现了教学作为一种简约化的认识过程的特点，同时注重教师在教学过程中的主导地位与作用。认识过程模式还结合了现代互动教学理念，即教师教授和学生学习之间是沟通配合的有机整体，教与学之间相互影响和作用。

(二)教学目标

认识过程模式能有效传递科学文化知识,一般在教授理论内容时使用。它能高效地使学生从不知到知,产生认识上的飞跃;能使学生养成较强的组织纪律性,对培养学生形成科学思维方式和逻辑思维能力具有积极的作用。该模式被一线教师广泛认同,已成为被普遍采用的教学模式。

(三)教学程序

认识过程模式的教学程序,如图 5-2 所示。

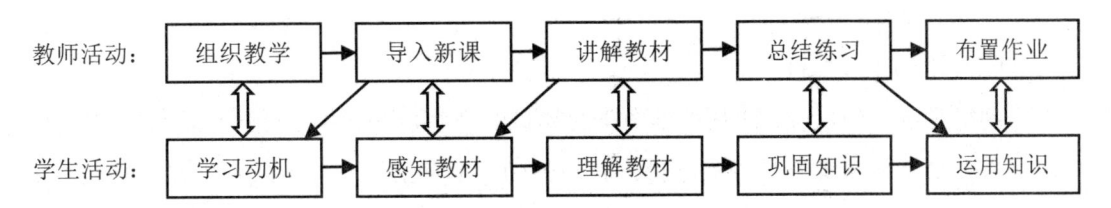

教师活动:组织教学 → 导入新课 → 讲解教材 → 总结练习 → 布置作业

学生活动:学习动机 → 感知教材 → 理解教材 → 巩固知识 → 运用知识

图 5-2 认识过程模式的教学程序图

1.教师活动过程

(1)组织教学

组织教学是对教学活动的管理,目的是稳定学生情绪,创造良好教学情境,使学生做好上课的准备。它是一节课的起始环节,同时也贯穿一节课的始终。只要出现学生注意力分散、课堂秩序混乱等情况,教师就需要加强组织教学。

(2)导入新课

导入新课是为讲解新内容做铺垫,目的是激发学生的学习动机,也可以利用直观的材料为学生提供感性认识。如果教师一上讲台就能吸引学生,使学生产生学习新内容的强烈要求和愿望,就会为教师讲解新内容打好基础。

(3)讲解教材

讲授新内容是一节课的主体部分和中心环节,占用时间最多,目的是使学生从感性认识上升到理性认识。教师在教学过程中,要认真贯彻教学思想,根据学生的认识规律,引导学生掌握知识。

(4) 总结练习

总结练习是一节课结束前对该节课中讲授的新内容进行归纳总结、练习巩固，目的是使学生当堂理解、当堂掌握，并通过实际应用加深记忆。它是讲授新内容的延续、补充、完善和升华，也可以使教师及时了解教学效果，发现不足并立即弥补。总结练习可以有多种形式，如教师归纳总结要点，学生回答问题、做课堂练习等，教师可依据具体情况灵活运用。

(5) 布置作业

布置作业的目的是使学生进一步理解和巩固知识，培养学生独立地运用知识解决实际问题的能力。布置作业也是课堂的组成部分，教师应当科学计划时间。

2.学生活动过程

(1) 产生学习动机

动机是行为的前提。课堂教学中学习动机的产生，是学生开始学习活动的首要环节，如何激发学生学习某一问题的动机，是教师的首要任务。主要方法有：通过说明新课题的意义、明确学习的任务、点明新旧知识之间的联系、提出新问题、唤起学生学习的需要和取得学习成就的渴望等。

(2) 感知教材

感性认识是理性认识的前提。学生如果有丰富的感性认识基础，就比较容易上升为理性认识。学生感性认识的来源是多方面的，有的是生活积累，有的是以前的学习基础，有的是实习、实践经验，有的则需要教师提供。总之，在学生学习抽象的、缺少感性认识的内容时，教师要为学生提供感性认识基础。

(3) 理解教材

理解教材是指教师引导学生对感性认识进行思维加工，把握事物的本质和规律，产生认识上的飞跃。学生的学习活动不能停留在感性认识阶段，只有经过积极的思维活动，使感性认识上升到理性认识，才能真正把握事物。理解教材是学生掌握知识的中心环节，其他环节是理解教材环节的准备或延伸。

(4) 巩固知识

巩固是对知识的接纳和记忆，只有在理解的基础上牢牢记住所学的知识，才能顺利吸收并运用自如。在掌握知识的过程中，学生对所学内容的感知、理解以及运用、总结等，都影响巩固的效果。因此，做好巩固工作，应从学习全过程着手，同时根据心理学有关遗忘的原理，注意及时复习。

（5）运用知识

理解不等于运用，要使学生从理解科学概念、原理，发展到能将其运用于实际，单靠动脑是不行的，还必须引导学生动口、动手、反复练习和实际操作。职业院校的教学目的是使学生形成实际生产能力，教学过程中应注意理论知识与实习教学相结合，解决实际问题。例如，教师讲授完孵化技术教学内容后，给学生布置了应用所学方法进行实际孵化实验的作业，并要求学生写出观察日记。这种作业不仅使学生巩固了理论知识，而且将理论知识转化为了实践应用技能，激发了学生的学习兴趣。

（6）检查总结

对于学习效果，学生应注意及时检查总结，发现取得的成绩和存在的不足。检查总结是对学习效果的信息反馈，能激发学生进一步学习的动机，也能够调整学生的学习内容、方法和进程。养成自我检查总结的习惯是非常必要的。

（四）师生配合方式

认识过程模式主要采用教师讲授、学生听讲的方式进行教学。认识过程模式要求教师语言生动形象，讲授内容具有较强逻辑性，能够和学生已知的旧知识相联系，并适合学生的认知特点；要求学生集中注意力，通过听讲进行想象、思维和记忆，从而获取知识。

教师运用认识过程模式要注意以下几个问题：

1.激发学生的学习兴趣，调动学生的学习积极性，启发学生思考

认识过程模式以教师讲授为主，是一种信息的单向输入，极易使学生处于被动状态。成功运用认识过程模式的关键是调动学生的学习积极性。如果教师讲授过程生动，学生就会主动参与教学活动，跟随教师的思路积极学习，避免出现"满堂灌"的现象。

2.讲授材料安排合理，逻辑性强

教师的讲解应做到条理清楚，重点突出，从学生实际出发，由浅入深、由易到难、由此及彼，从已知到未知，从具体到抽象，符合知识本身逻辑关系和学生的认识规律。戴维·保罗·奥苏贝尔认为，如果教师能把新的知识信息和学生过去的认知结构相互配

合、互相作用，从而构成一个新的结构，那么讲授的方法就是有效的。

3.提高语言艺术水平

教师的语言艺术水平直接影响着学生的学习效果。因此，教师的讲授语言要准确简练、生动形象、通俗易懂、语调和谐、顿挫有致，并适当配以内容简练、布局合理、条理清楚的板书。

（五）支持条件

运用认识过程模式只需要具备常规教学用具即可，如教学场所、课本、黑板、粉笔、板擦、图表、直观教具等，如能具备投影仪、幻灯机、多媒体教室等现代化教学设备则能呈现更好的教学效果。由于教师可以根据课前准备的内容进行教学，相对其他教学模式来说，认识过程模式对教师的应变能力、教学经验、知识的深度和广度等教学素质要求较低。

二、发现探究模式

（一）理论基础

美国哈佛大学教授杰尔姆·布鲁纳认为，要培养具有发明创造才能的科技人才，不但要使学生掌握学科的基本概念、基本原理，而且要培养学生对待学习的探索能力。学生要学习的内容，都是人类已经解决的问题，但这些问题对学生来说都是未知的。在教师不讲解结论，只提供一定素材情境的条件下，解决问题则需要学生进行创造性的研究活动，即需要分析资料，提出解决问题的方案，然后验证自己的方案。

约翰·杜威强调知识是为解决问题服务的，知识的意义在于对知识的运用，提出了"从做中学"的主张。知识的应用无法通过抽象规则而学会，必须通过一个个实际问题或案例的解决以及对其的反思而逐步掌握。应用知识解决问题的能力正是在问题解决过程中不断形成和发展起来的。

建构主义学习理论认为，学生不是空着脑袋走进教室的，他们在以往的生活、学习和交往活动中，逐步形成了自己对各种现象的理解和看法，而且他们具有利用现有知识经验进行推论的智力潜能。相应地，学习不只是知识由外到内的转移和传递，而是学生主动地建构自己知识经验的过程，即通过新经验与原有知识经验的相互作用，来充实、丰富和改造自己的知识经验。知识是学生在一定的情境下，借助他人（包括教师和学习伙伴）的帮助，利用必要的学习资源，通过意义建构的方式获得的。

（二）教学目标

发现探究模式有助于促进学生主动学习，提升学生综合运用知识和解决实际问题的能力；培养学生批判性思维、创造性思维和科学研究能力，发展学生合作能力与自主学习能力；使学生产生学习的内在动机，增强自信心，开发学生的潜力。它主要运用于定理、原理、法则一类内容的教学。动作技能教学一般不使用发现探究模式。

（三）教学程序

发现探究模式的教学程序，如图5-3所示。

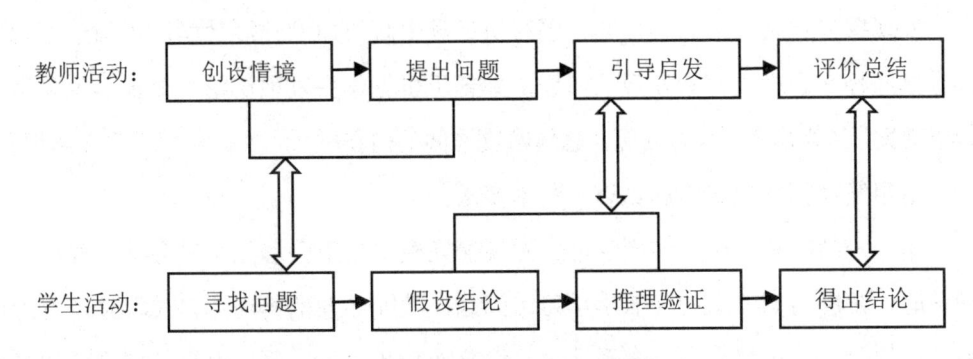

图 5-3 发现探究模式教学程序图

1.教师活动过程

第一，创设情境。教师根据教学目的、教学内容和学生情况，设计一种具有一定难度、需要学生通过努力去克服（寻找达到目标的途径），而又力所能及的学习情境（学习任务），如包含矛盾和问题的故事或实验、不完整的设计或方案、生产实践中的困惑等。

第二，提出问题。教师提出问题或引导学生发现情境中存在的问题，根据解决问题的需要，提供解决问题的资料或查找资料的线索。

第三，引导启发。教师根据学生的实际情况，引导学生的思维方向，采用提示、点拨、引导等方法，促使学生发现科学原理，解决问题。

第四，评价总结。教师评价学生得出的结论，鼓励学生的探索精神和为此进行的努力，解答学生的疑问。

2.学生活动过程

第一，寻找问题。学生在具体情境中产生矛盾，寻找要解决的问题。

第二，假设结论。学生（经常是学生小组）利用教师提供的材料或查找到的资料，作出解答假设。

第三，推理验证。学生围绕问题，通过分析思考、查阅资料、讨论交流、实践验证等活动，建构与此有关的知识和技能。

第四，得出结论。学生得出结论并对自己的学习过程进行自我反思和评价，总结所获得的知识和技能。

（四）师生配合方式

发现探究模式以问题为核心，围绕引导学生解决问题开展教学。该教学模式要求教师准确选择适合学生探索发现的问题，并善于引导学生发现结论；要求学生思维活跃、善于观察、认真思考，努力发现并总结事物之间的内在联系，具有科学研究的意识和能力。

运用发现探究模式需满足以下基本要求：

第一，教师和学生需转变观念。发现探究模式的中心思想是教会学生解决问题的各种策略，帮助他们知道如何着手学习。因此，教师必须把传递结论式教学转变为提供材料、引导研究、传授方法、发现结论、培养能力式教学。学生也需变接受式学习为探索式学习，不仅需要掌握结论，还需要掌握得出结论的方法。

第二，师生情感融洽。师生情感的融洽程度决定着引导过程的状态特征和结果，因此应该建立团结、合作和民主的新型师生关系。

第三，教学内容的选择和教学目标的制定应符合学生实际。教学内容过难或过易都不能有效实现教学目标。引导途径也需要教师精心设计。

（五）支持条件

运用发现探究模式除需要正常教学所需的一般条件外，还对教师素质有较高要求，不仅需要教师知道科学结论是什么,还需要其通晓结论所依据的理论基础和科学发现的过程,了解学生的思维方式、过程、特点,善于设计发现过程。学生应具有一定的基础知识和强烈的探索意识。该模式需要向学生提供解决问题必需的背景知识和材料,有些教学内容还要借用一定的工具、仪器和实验设备。

三、动作技能训练模式

(一)理论基础

动作技能是一系列动作灵活准确的运用,是心理愿望驾驭动作的能力,表现为身体的一定肌肉、骨骼的运动和与之相应的神经系统的活动。只要人的生理系统正常就能产生动作,但动作技能是人通过后天习得的。动作只有达到技能的水平,才能在生产实践和社会生活中发挥作用。

学生的动作技能是如何形成的呢?伊万·彼得罗维奇·巴甫洛夫的条件反射理论认为,刺激与反应之间建立了暂时神经联系,先行动作通过条件反射变成后继动作的信号。例如,武术运动中的长拳套路,当技能尚未形成时,学生完成的是单个动作,即教练的示范操作是学生的动作信号,没有教练的示范操作,学生就不能完成动作。而技能形成以后,学生各动作之间建立起了神经联系,只要教练做出头一个动作,学生就可以完成一系列动作,这是因为头一个动作产生的动觉成为后一个动作的刺激信号。可见,学习动作技能,是在认知一定数量动作信息的基础上,经反复练习,建立了动力定型,动作环节间形成暂时神经联系,并逐步达到熟练。

练习是形成动作技能的必需环节和重要途径,但苦练必须和巧练相结合,合理的训练方式和过程能有效提高效率。

(二)教学目标

动作技能训练模式主要应用在动作技能教学中,实验教学及其他实践性教学可以借鉴。其主要教学目标是提升身体各组织器官的协调配合能力,使学生形成动作技能,从而完成生产任务。

（三）教学程序

动作技能训练模式的教学程序，如图 5-4 所示。

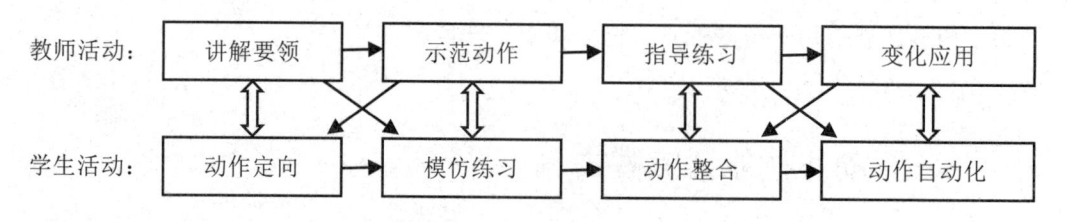

教师活动： 讲解要领 → 示范动作 → 指导练习 → 变化应用

学生活动： 动作定向 → 模仿练习 → 动作整合 → 动作自动化

图 5-4　动作技能训练模式教学程序图

1. 教师活动过程

（1）讲解要领

第一，教师应讲清楚实践教学中所使用的设备、工具和动作的名称与作用，建立正确的操作技术概念；第二，讲解技术要点和工艺规程，抓住要点和规范逐步深入；第三，讲解动作过程和操作要领，提醒初学者易犯的错误和纠正的方法；第四，讲解实践教学的形式与步骤。

（2）示范动作

教师无论怎样详细地讲解，都会有一些说不清楚的动作信息，示范能使动作信息直观生动，为学生提供模仿的榜样。

教师示范动作时应注意：姿势正确、动作规范；分段演示与系统演示相结合；讲练结合、快慢结合；正确动作和错误动作相比较。

（3）指导练习

学生通过听觉和视觉获得一定数量的动作信息，并以此为依据开始练习。教师应进行巡回指导，帮助学生排除障碍，纠正错误。单调枯燥的动作练习容易使学生产生烦躁情绪和疲劳感，教师应组织学生不断变换练习方式，提高学生学习的积极性和主动性。同时，教师要及时纠正学生的错误动作，防止学生形成习惯。

（4）变化应用

当学生的动作技能达到一定的熟练程度，教师应有意识地变化教学环境，设置各种实际生产中可能出现的变化，增加动作技能的难度，并进一步提高对动作稳定性和速度的要求标准，使学生形成生产能力。

2.学生活动过程

（1）动作定向

动作定向，即了解动作活动的结构，在头脑中建立起动作活动的定向映像的过程。虽然动作技能表现为一系列的动作活动，但学生最初必须了解做什么、怎么做，即掌握程序性知识。

动作活动的定向映像应包括两个方面：一是动作活动的结构要素及其关系，即有哪些要素构成某一动作活动，各动作要素间的关系、顺序如何；二是活动方式，即动作的轨迹、方向、幅度、力量、速度、频率、要领、功能、动作衔接及注意事项等。学生主要采用观察、记忆、想象等方式获得动作技能的定向。

（2）模仿练习

动作的模仿是将头脑中形成的定向映像以外显的实际动作表现出来。动作技能最终表现为一系列的合乎法则的动作活动方式，学生仅在头脑中了解这种活动结构及其执行方式是不够的。模仿练习是操作技能形成的基本途径，通过模仿练习，个体可以检验已形成的动作定向映像，使之更完善、更巩固，有助于定向映像在技能形成过程中发挥更有效的作用。模仿练习还可以加强个体的动觉感受，为更有效地控制动作做准备。学生应注意心领神会，在条件允许的情况下还可以边听、边看、边模仿着做，充分调动各种感觉器官，这样才能学得快，效果好。

（3）动作整合

动作整合即把模仿阶段习得的动作固定下来，并使各动作成分相互结合，成为定型的、一体化的动作。由于学生在模仿阶段只是初步再现，动作整体水平较低，通过动作整合，可以加强动作的合理性和协调性，逐步消除错误动作。动作整合是从模仿到熟练的过渡阶段，是形成动作技能技巧的基础。

（4）动作自动化

动作自动化指所形成的动作方式对各种变化的条件具有高度的适应性，动作的执行达到高度的完善。从生理上看，就是动作模式在大脑皮层建立了动力定型，动作环节间形成暂时神经联系。

应用这种教学模式还有一种变式，即在指导练习环节增加试动训练和动觉表象训练内容。在动作技能学习过程中，学生通过观察获得示范动作的空间轨迹，并通过思维理解动作的概念，但这些内容只是人肌肉运动的结果和原理，而非动作的肌肉运动本身，学生无法完整、准确地了解动作信息。动作过程中总有一些说不清、看不到的信息，必须由学生自己去体验，尤其是非日常性动作。试动训练是练习者体会当信息显示时（即做出应做的动作时）的肌肉运动状况，从而使学生知道达到练习标准所应做的动作，即动作的肌肉运动结构。动觉表象训练是唤起动作肌肉运动结构形象的过程，一般采用语言提示，学生在安静状态下，回忆动作过程和感受，其目的是唤起试动训练时在头脑中留下的肌肉运动结构的痕迹，从而提高动作记忆的巩固程度。换言之，动觉表象训练是不做任何动作的试动练习。

（四）师生配合方式

生产技能是由一系列的单一动作有机组合而成的，该模式以口耳相授、形体相传为主要方式。教师示范、学生模仿是形成动作技能最直接、最形象、最经济的方法。这种模式可以使人们的动作结果立即得到反馈，使正确的动作不断得到强化，错误的动作不断得到纠正，高效率地提高学生动作技能的水平。

运用动作技能训练模式需满足以下基本要求：

1. 及时纠正错误动作

在练习过程中，学生通过观察和感受肌肉活动带来的反馈调整自己的动作，逐步提高技能水平。因此，为使练习正确进行，教师要对学生的每次练习提供信息反馈。

2. 苦练和巧练相结合

动作技能的形成必须反复练习，但单调枯燥的动作练习容易使学生产生烦躁情绪和疲劳感，教师应组织学生不断变换练习方式，如加强对技能的原理、程序及关键环节的说明和演示，开展技能竞赛，相互观摩等。

3. 加强教学活动的组织管理，防止发生事故

学生活泼好动，教师在教学活动中应加强组织管理和劳动安全教育，注意学生情绪和态度的变化，避免发生事故。

（五）支持条件

从硬件设施看，训练生产活动中的动作技能，需要设备、场地、原材料等生产设施。从人员看，需要教师具备"一体化"师资资格，需要学生具有不怕脏、不怕累的顽强意志。如果具有录像设备，对学生的动作过程进行记录、分析，则有利于学生对动作技能的学习。

四、参观教学模式

（一）理论基础

参观是指教师根据教学目的，组织学生到校内外的某个场所，对实际事物进行观察、研究，从而获得新知识或巩固验证已学知识。例如，教师结合教学内容组织学生到生产现场参观工艺过程、操作方法、劳动组织等。该模式的理论基础是理论联系实际和直观教学的思想。

（二）教学目标

参观教学模式总的教学目标是使学生了解生产实际，熟悉职业活动环境，获得生产现场的直接感受，提高职业意识。在教学实践中，参观可分成四种类型：预备参观、并行参观、总结参观和扩充知识参观，每种参观类型的教学目标也有所区别。预备参观安排在教学活动之前进行，其教学目标是为教学提供感性材料。例如，教师在讲授某一新课题之前，组织学生参观与该课题有关的生产现场，使学生对加工过程、设备、工具有初步了解，为教学活动做准备。并行参观安排在学习过程中进行，其教学目标是巩固检查学生已获得的知识，理论联系实际。总结参观安排在某一内容学习结束后进行，其教学目标是验证和巩固已学过的知识，使所学知识系统化。扩充知识参观是组织学生对社会实践中出现的新设备、新技术、新工艺、先进的管理措施有所认识，弥补校办实习厂（场）教学条件的不足而进行的参观，其教学目标是拓宽学生视野，了解现代生产的发展趋势。教学的不同阶段都可以安排学生参观。

（三）教学程序

参观教学模式的教学程序，如图 5-5 所示。

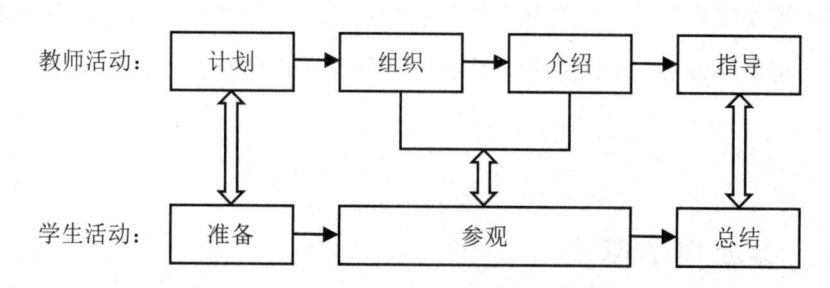

图 5-5　参观教学模式教学程序图

1.教师活动过程

第一，做好参观计划，包括确定参观目的、选择参观对象、安排参观日期、告知学生参观目的、布置参观要求、制定"参观教学学习单"等。

第二，与参观单位协调和对学生进行组织与管理。参观前，教师应详细了解参观对象，分析通过参观是否能解决教学问题，告知被参观单位参观目的并协商参观路线，落实交通、安全、生活等事宜。对学生的组织与管理是参观活动的重要工作。参观不同于课堂教学，只有加强管理才能防止发生意外事故，提高参观质量。

第三，按参观过程大体可分为三种基本教学方式：一是视听式，即邀请被参观单位的专家进行介绍、演示和讲解，学生负责观察、记录；二是参与式，即由学生动手操作、体验；三是探究式，即通过参观，搜集材料，研究问题。教师应鼓励学生多提问题，指导学生记录所见所闻，防止走马观花。

第四，参观后，教师应及时指导学生进行总结，整理搜集到的材料，检查参观的效果，结合教学内容布置相关作业。参观是为实现教学目的服务的，不能为了参观而参观。

2.学生活动过程

第一，根据教师要求做好参观前的各项准备工作，主要有教学内容和生活两方面。学生参观前应对参观内容有一定了解和认识，带着问题去参观。

第二，参观过程中应服从安排听指挥，完成"参观教学学习单"中所列各项内容。

第三，总结是对参观内容的系统整理，可采用知识竞赛、专题讨论、论文撰写等多种方式进行。

（四）师生配合方式

参观教学模式中的教学内容主要由被参观单位提供，教师承担组织和管理的工作。为保证教学质量，教师应和被参观单位充分沟通，明确要求，同时做好总结工作，加深学生认识。学生参观前应做好准备，带着问题去参观，多观察、多提问、多思考、多记录。

（五）支持条件

参观教学模式需要被参观单位的积极配合，要求教师具有较高的组织协调能力。如果到校外参观，还涉及时间和经费问题。

五、项目教学模式

（一）理论基础

项目是相对完整和相对独立的事件。在技术领域里，所有的产品几乎都可以作为项目，如制作门（木工专业）、格栅（机械加工专业）、报警器（电子专业）、测量仪器（仪器仪表专业）以及简单的工具制作等都是常见的项目。在商业、财会和服务行业，所有具有整体特性并有可见成果的工作也都可以作为项目，如销售专业"不同场合的商品展示""产品的广告设计""应用小软件的开发"等。项目教学是师生通过共同实施一个完整的项目工作而进行的教学活动，是行为导向和"一体化"教学理念的体现。

适合教学的项目具有以下特点：

第一，项目源于真实的生产活动，与企业实际生产过程或现实商业经营活动有直接关系，具有应用性。

第二，实施项目能将理论知识和实践技能结合在一起，具有综合性。

第三，项目内容具有一定难度，要求学生运用新学习的知识、技能，解决过去从未遇到过的实际问题，经过教师指导和学生努力，学生可以独立完成。项目内容应具有可教性。

第四，项目应有具体的成果，可以评判优劣，具有可检验性。

第五，项目应便于组织和运行，具有可行性。

（二）教学目标

项目教学模式的教学目标是打破学科体系，按项目内容开展教学，增强学生对知识、技能的综合运用能力，实现从学习到工作的平稳过渡。例如，在模具设计与制造课程教学中，教师可以通过一定的项目让学生完成模具设计、加工生产、产品质量检验等生产流程，使其从中学习和掌握机械原理、材料处理、制造工艺以及各种机床的使用与操作。

有些项目可组织不同专业的学生共同参加，培养学生的合作能力。

（三）教学程序

项目教学模式的教学程序，如图 5-6 所示。

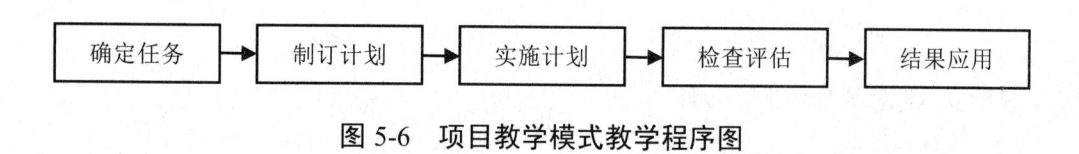

确定任务 → 制订计划 → 实施计划 → 检查评估 → 结果应用

图 5-6　项目教学模式教学程序图

1.确定任务

确定任务通常由教师提出一个或几个项目任务设想，然后学生们在一起讨论，最终确定项目的目标和任务。

2.制订计划

在制订计划环节，需要解决"怎么做"的问题。通常以书面形式由学生制订项目工作计划，包括具体工作的日程安排，确定工作步骤和程序，并最终得到教师的认可。

3.实施计划

实施计划是项目教学模式的实质性阶段。学生首先确定各自在小组中的分工以及小组成员合作的形式，之后按照已确立的工作步骤和程序工作，完成工件制作或其他委托任务。这个阶段也包括工作与检验的相互交替，不断反馈，调整进度和修订方案。

4.检查评估

检查评估是指在实施阶段结束后，将产品同要求进行比较，检查其质量与规格相符合的程度。学生完成项目后，首先应参考检验表格进行自我评估，再由教师对项目成绩进行检查评分。师生共同讨论和评判在项目中出现的问题、学生处理问题的方法以及学生的行为特征。教师通过对评价结果的比较，找出造成评价结果差异的原因。

5.结果应用

项目工作的成果应归档，并应用到企业和学校的生产教学实践中，使其具有实际应用价值。

（四）师生配合方式

在项目教学模式中，学习过程成为一个人人参与的创造性实践活动，注重的不是最终的结果，而是完成项目的过程。学生在项目实践过程中，能够理解和掌握知识与技能，体验创新的艰辛与乐趣，培养分析问题和解决问题的能力。项目教学模式一般采用由教师和几名学生组成工作小组的方式进行教学，教师既是教育者又是管理者。工作任务一般是在教师指导下师生共同完成，即共同制订计划、共同或分工完成整个项目。

选择项目是成功运用该方法的关键。项目既要满足教学要求，又要具有可行性。组织实施具有一定难度，教师应注意协调各种人员、场地、设备及各学科教学内容之间的关系。

（五）支持条件

学校应有与教学内容相关的教学条件，教师应具有"一体化"师资资格。项目教学模式一般在具有一定理论及实践基础的高年级使用。

六、范例教学模式

（一）理论基础

范例教学模式建立在范例教学思想和合作学习理论基础上，在专业理论和实践性教学中经常使用。它是教师采用范例，引导学生从典型的具体事例中，发现具有普遍意义的同类事物的规律，并总结检验，运用于实践，形成解决实际问题能力的一种教学模式。范例一般是实际工作中的真实事例，也可以由教师自行设计编写，但必须联系工作实际和教学内容。这一模式突出了"从事例中学"的思想，重视直接经验的获得，加强了理论与实践经验的统一，由点及面，把直观性、启发性、实用性等结合了起来。

（二）教学目标

第一，理论联系实际，加深学生对教材中某些观点、原理、方法的理解。

第二，提升学生运用所学理论分析实际问题，解决实际问题和判断、推理、概括的能力。

第三，范例真实、生动，调动学生学习的积极性，有利于巩固专业思想。

（三）教学程序

范例教学模式的教学程序，如图 5-7 所示。

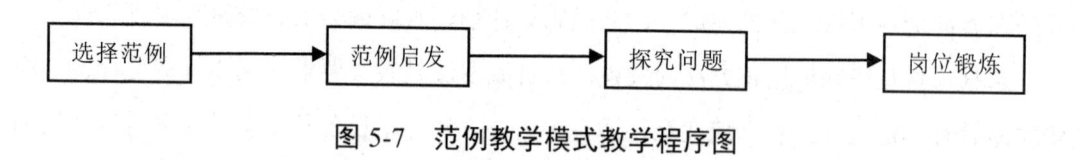

选择范例 → 范例启发 → 探究问题 → 岗位锻炼

图 5-7　范例教学模式教学程序图

1.选择范例

选择范例是指教师搜集、筛选或设计范例。第一，范例要符合教学目的和教学内容的需要，能反映教学的重点、难点问题，并围绕科学理论提出思考题。第二，范例要具有典型性，能代表一类问题的实质，是生产实际中常见且存在模糊认识的问题。第三，范例要反映现代社会的热点和学生关心的问题，密切联系社会和生产实际，具有时代性。

2.范例启发

教师应通过范例，引导学生推导同类事物的共同特征，揭示事物的本质规律。例如，在进行统计原理平均数教学时，教师先以本班学生的"平均分""平均身高""平均零用钱"为案例，进行计算过程的教学分析，再从诸多具体计算中归纳、总结、抽象出"平均数＝总体标志总量÷总体单位总量"的公式，认识平均数的普遍特征，并通过范例让学生认识到平均数是一个抽象化的代表值，用来说明内部的一般水平，起"削峰填谷"的作用，能从总体上反映事物的一般发展水平。

3.探究问题

探究问题就是找出教材的难点、学生知识能力的盲点，以及学生的兴趣点，并通过师生讨论，引导学生创造性地解决问题。

4.岗位锻炼

岗位锻炼是指学生运用所学知识独立解决实际问题。教学活动中的问题经过了教师加工改造，常常是"理想状态"下的，给学生的已知条件一条也不多，一条也不少，需要解决的问题明确具体，得出的结论恰当合适。但实际工作中的情况与教学活动差距较大，问题在什么地方，解决问题的条件有哪些，如何获得这些条件等一系列工作都要学生自己去发现和处理。

（四）师生配合方式

教师介绍生产实践中的典型事例，引导学生发现其中的规律。该模式具有广泛适用性，在职业教育专业理论和实践教学中被经常使用。

运用范例教学模式需满足以下基本要求：

1.认真选择范例

教师运用范例教学要使学生学会举一反三、触类旁通，因此如何选择这个"一"，直接关系运用范例教学的成败，应慎重。

2.采取有效措施

在范例教学模式中，学生独立活动在课堂活动中占有很大比重，因此学生是否积极发言以及对范例分析的深度，是影响教学质量的重要因素。教师应留给学生一定的思考时间和适当的参考材料，对发言的学生要多引导、多表扬、多支持，并注意鼓励性格内向的学生参与范例分析。

3.认真归纳总结

教学结束之前，教师应对学生的态度、观点、分析问题的角度、水平等方面进行总结评价，及时纠正学生的错误，从而提高学生的认知水平。

（五）支持条件

运用范例教学模式最大的困难是教师如何选择或设计出适合学生实际水平，并且知识和技能含量丰富的典型范例，因此教师要及时了解学生的基础水平和是否具有一定的实践经验。

七、模拟教学模式

（一）理论基础

《现代汉语词典》中对模拟一词解释为"模仿"。目前，国内外对这种教学形式的称谓较混乱，如岗位演习、角色扮演、模拟游戏、仿真训练等。这些不同称谓的教学形式，均未超出"模仿"的范畴，都是模拟教学的一种方式。模拟教学模式是在教师的指导下，学生在模拟的工作岗位上扮演职业角色，进行职业技能训练的一种教学模式。

结合职业岗位需要进行操作技能的训练，是职业教育教学的重要内容。然而，一些职业院校缺乏训练设备、场地、材料和资金等，学生不能到真实工作岗位实习，降低了毕业生质量。模拟教学模式能够弥补客观条件的不足，为学生提供近似真实的实习条件，因此在职业教育教学实践中能够广泛运用。

1.按模拟的程度划分，模拟教学可分为全部模拟和局部模拟

一个岗位活动是由许多工作内容和环节组成的，模拟教学既可以模拟全部活动过程，也可以模拟局部过程。全部模拟教学是对一个实习课题的全过程进行替代。例如，对金融专业的学生实施"模拟股市"教学，股市行情完全参照沪、深两市的交易和变化情况，每一位学生入市交易前先开具一定数额的股东账户和资金账户，学生完全按照股票交易的过程填写交易委托单，由证券实验室电脑逐笔交割。月末，学校的证券实验室计算每位"股民"的损益，并对当月"富翁"评奖。这种教学模式全方位、全过程模拟了股票交易，使学生完整地掌握了股票交易过程，属于全部模拟。

局部模拟教学是对一个实习课题中的一部分（一个工序、工序中的一部分或一个动作）的替代。例如，诉讼案件流程通常包括受理、立案、调查、审理、宣判、执行等多

个环节,每个环节还包括了许多步骤,教学中对其中的某个环节中的一个步骤采用模拟教学,就是局部模拟。当然,全部模拟和局部模拟是相对而言的,一般来说,较完整地模拟生产实践中完成某项任务的全过程,就可以认定其为全部模拟。

2.按替代物划分,模拟教学可分为设备模拟、过程模拟和材料模拟

模拟实质上就是替代,是对真实工作岗位的模仿,是以"假"代"真"的过程。采用的替代物不同,形成了模拟教学的不同类型。

设备模拟是对实习设备的替代。解决实习设备问题是职业院校实习教学中的难点。在缺乏真实设备、真实设备价格昂贵或真实设备危险性高时,教师可以采用模拟设备代替真实设备。例如,在汽车驾驶专业实习教学初期,学生紧张慌乱,错误动作多,容易出事故。此时可利用模拟汽车驾驶操作系统,替代真实汽车,使学生熟悉驾驶环境,并初步掌握基本操作技能。这就是一种利用替代设备进行的模拟教学。

过程模拟是对实习活动过程的替代。有些操作技能受多种因素的限制,学生不能在真实岗位上完成操作过程。例如,财会专业的学生顶岗实习困难,教师就可以在模拟财会室中,以一个企业某个阶段的全部财会业务为例,让学生扮演企业财会人员角色,在模拟实验室中进行练习。

材料模拟是对实习材料的替代。实习过程需要消耗一定的材料,一些学校受资金、设备等条件的限制,常采用其他材料替代真实材料。例如,铸造专业以泥代砂,以蜡代金属等。

3.按模拟效果与真实训练的差别程度划分,模拟教学可分为仿真模拟和近似模拟

仿真模拟是指模拟实习的效果与真实实习的效果非常相似,学生仿佛在真实岗位工作一样,能够得到真实岗位的感觉和实际工作技能的培养。例如,为了满足财经类、营销类和企业管理类专业学生实习教学的需要,德国建立了近千家商务模拟公司,模拟公司之间互为合作伙伴和竞争对手,形成一个模拟市场。实习学生在模拟公司开展业务时,其产品和服务是虚拟的(样品可以是真实的),而商务票据、账册、通信联络、商务记录、方式、成本和利润核算等均遵循现实商务界通行的规则进行决策、运行、设计和操作。这种教学仿真度极高,学生可以得到近乎真实的训练。

近似模拟是模拟的效果与真实训练区别较明显。例如,一些简易的汽车驾驶模拟器,没有道路状况显示屏幕,学生无法获得操作动作的反馈,就是一种近似模拟。

(二)教学目标

模拟教学以"假"代"真",避免了由于学生错误操作,可能产生的对学生自身和生产设备的危害。学生在安全条件下进行操作,可以大胆尝试,消除或减少紧张情绪,减少练习初期由于紧张造成的多余动作。

教师可设计多种实际工作中可能发生的变化,包括事故、故障和生产中极少出现的突发情况。例如,汽车驾驶训练模拟器,采用了高速仿真计算机控制的数字化图像成像系统,训练场地形象逼真,并有交叉道、蛇形道、大小八道、停车场、大转盘、广场等实际驾驶中可能出现的道路情景,使学生得到岗位技能的全面训练。

一些模拟练习可根据学生动作技能的形成规律设计练习过程。例如,利用透明、慢速、分解操作等技术使学生获得真实岗位实习中不可能得到的直观感受,从而提高训练成绩。

(三)教学程序

模拟教学模式的教学程序,如图 5-8 所示。

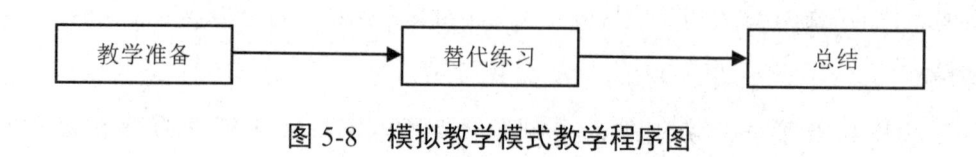

教学准备 → 替代练习 → 总结

图 5-8　模拟教学模式教学程序图

1.教学准备

第一,教师应从培养目标、教学内容特点、学生状况和学校实际出发,确定哪些教学内容适合采用模拟教学。一般说来,教师应考虑以下几个问题:教学目标是什么?模拟教学能实现教学目标吗?这个内容适合采用模拟教学吗?学生的经验、兴趣、特点是什么?模拟教学是否具有可行性?模拟教学是最佳选择吗?这些问题考虑清楚之后,才能决定是否采用模拟教学。第二,教师在制订课时教学计划时,应该实际操作一次或在头脑中预演一次,清楚了解模拟的各个部分、程序、环境、评价以及意外情况,这样才能更好地发挥指导作用。

2.替代练习

教师应从生产实际出发,确定模拟教学的程序,尽量做到和真实生产过程一致。从设想变为现实的过程中,可能出现许多难以预料的问题,教师应在保证完成教学任务和学生安全的前提下,充分调动学生的主观能动性,鼓励学生发表自己的看法。教师可根据具体情况进行及时指导或结束之后指导。

3.总结

模拟教学结束之后,教师应及时总结,尤其要纠正教学过程中学生的错误观点和做法。教师也可聘请专家(具有丰富经验的人员)参与模拟教学,并对模拟过程进行评论。

(四)师生配合方式

模拟教学模式中的师生配合方式,与真实情况下的动作技能教学和项目教学基本相同。在教学活动中,教师应加强管理和监督,防止学生出现不认真、不重视、不按规章操作等情况。

运用模拟教学模式需满足以下基本要求:

1.模拟环境尽量逼真。例如,财会模拟室要按照企事业单位财务处(科)常见的方式布置,各种设施(如办公桌、岗位牌、钢丝篓、印章、单据、报表、账籍等)齐备,这样才能使学生进入模拟室后快速进入"职业角色"。

2.替代设备、材料必须与真实设备、材料原理相同,动作方式相同,表现效果相似。例如,模拟汽车座舱系统应要求座舱布置与实车大体相同,装有仪表、转向盘、档位、离合器踏板、加速踏板(油门)、脚踏板(汽刹)、驻车制动器(手刹)及转向开关等,其运动范围、力感和操作效果与实车相似。模拟练习必定和真实岗位练习有一定差距,但要尽量缩小这种差距,这样才能提高学生的学习效率。

3.模拟练习要与岗位练习配合使用。模拟教学常在动作技能形成初期使用,随着学生动作技能水平的提高,应逐步过渡到真实岗位练习。模拟练习不能完全替代岗位练习。

第六章 东西部协作背景下职业教育发展研究

第一节 东西部协作教育组团帮扶的模式转向与本土建构

随着2020年12月脱贫攻坚战的圆满收官，困扰中国上千年的绝对贫困问题得到了历史性解决，中国的农村问题也发生了历史性转移，从贫困治理转向了乡村振兴。在此背景下，2021年2月25日，习近平总书记在全国脱贫攻坚总结表彰大会上指出，下一阶段农村工作的重心是在巩固脱贫攻坚成果的基础上全面推进乡村振兴。要实现脱贫攻坚成果的巩固并有效衔接乡村振兴，就要建立返贫监测机制与可持续增收长效机制，坚持志智双扶，阻断贫困代际传递。要阻断贫困代际传递，教育的作用不可小觑。世界银行的研究显示，家庭劳动力教育年限每增加3年，贫困发生率则会下降9%，增加至12年及以上，贫困发生率几乎为零。这说明，教育在阻断贫困代际传递方面具有基础性、先导性与根本性作用，开展教育帮扶是巩固脱贫攻坚成果的根本途径。

东西部协作教育组团帮扶是指东西部协作中的"组团式"教育帮扶。"组团式"教育帮扶是促进西部地区教育发展的一种援助模式，是提高西部地区教育质量、促进教育公平的重要手段。"组团式"教育帮扶是一种教育对口帮扶，就发展历程而言，教育对口帮扶开始于中华人民共和国成立之时，形成于1980至1999年间，飞速发展于2000年以后；从类型来看，"组团式"帮扶主要包括援藏与援疆的教育帮扶、东西部协作下的教育帮扶与各省区内的教育帮扶。本书所研究的是东西部协作背景下的"组团式"教育对口帮扶。

东西部协作始于1996年。经过2016年在银川召开的东西部扶贫协作会议的强化，实现了从倡导性制度到规范性制度的转变,并成长为一项具有中国特色的"发展制度"。尤其是自2017年8月国务院扶贫开发领导小组印发《东西部扶贫协作考核办法(试行)》后,扶贫协作工作由"软约束"转变为"硬约束",标志着该项工作正式走向制度化与规范化。为在"十四五"期间进一步发挥该制度的优势、巩固脱贫攻坚成果、促进乡村振兴有效开展,党的十九届五中全会将这一制度从"东西部扶贫协作"改为"东西部协作",并明确指出"十四五"期间要进一步坚持和完善该项制度。2021年4月8日,习近平总书记对深化东西部协作和定点帮扶工作再次作出重要指示,要求完善东西部结对帮扶关系,拓展帮扶领域,健全帮扶机制,形成区域协调发展、协同发展、共同发展的良好局面。

东西部协作的关键在于提升西部地区贫困人口的自我发展能力,形成稳定脱贫和持续发展的有效机制,而稳定脱贫和持续发展有效机制建立的关键则在于建立东部对西部的教育帮扶,以及由此带来的贫困代际传递阻断。因此,2015年11月25日审议通过的《中共中央 国务院关于打赢脱贫攻坚战的决定》明确将"发展教育"作为"五个一批"脱贫的重要举措之一。习近平总书记也多次指出要让贫困地区的孩子接受有质量且公平的教育,就要坚持"扶贫必扶智,治贫先治愚",将教育作为阻断贫困代际传递的根本策略。可见,教育帮扶是东西部协作的主要内容之一,也是实现东西部教育均衡发展的关键。然而,受协作机制、协作模式、协作考核等因素的影响,东西部协作在理念、人才、资金和项目等方面还存在一些问题,急需激发东西部协作的合力,从教育这一基础性要素入手,阻断贫困代际传递。正因为如此,东西部协作中的"教育帮扶"才得到了国家层面的高度重视。需要特别说明的是,东西部协作下的教育对口帮扶,初期的帮扶形式是派出零散的支教教师,现在已发展为大规模"组团式"帮扶了。

何谓"组团式"教育帮扶?是由对口协作的东部地区根据受扶地帮扶需求,组团选派支教团队和培训指导团队,由选派引进的优秀校长引领,汇聚各方力量,按需帮扶、协同用力,专门针对一个贫困县或一所薄弱学校实施管理输入、示范引领和培训指导,进行重塑性、植入式帮扶的模式。"组团式"教育帮扶的重塑性是指将贫困地区的教学理念、教研内容、教育思维都进行重新塑造;植入式则是指帮扶主体对受扶方进行管理上的输入与技能上的培训,从制度建设、管理设计、技能提升等方面来改变当地的教育教学情况。

"组团式"教育帮扶一词最早出现于2014年,当时西藏自治区拉萨市率先在全国开展了"组团式"教育人才援藏计划。随后在2015年,中华人民共和国教育部等四部委联合印发了《"组团式"教育人才援藏工作实施方案》,正式开创了"组团式"教育帮扶模式的先河。该模式是过去分散式教育援藏模式的推陈出新,着力从"输血"向"造血"的深度支援转变、从"单打独斗"向"组团行动"转变。这些转变是新时代教育援藏工作模式和实施路径的重大创新。

帮扶初期,职业教育是"组团式"教育帮扶的重点领域。这是考虑到职业教育参与扶贫具有受众面广、扶贫对象文化要求低、见效快和政策好等优势,在管理重塑、师资培养、学生发展、提高劳动者素质等方面已取得显著成效。同时,职业教育在乡村振兴、科教兴国、巩固脱贫攻坚成果等方面具有无可替代的特殊使命,因而在帮扶初期其是志智双扶的首选。后来,随着人们对幼儿教育、基础教育、中等教育重要程度理解的加深,帮扶对象逐渐向这些领域倾斜。但无论哪个阶段的"组团式"教育帮扶,从目前运行比较成熟的"滇西模式""喀什模式""贵州模式"来看,基本都存在顶层设计不完善、协作机制不健全、协作关系待理顺、实际需求不能有效满足、软件建设待提升等问题。究其深层原因,信息不完全、认识局限性带来的有限理性使目标受众难以正确认知该项目短期与长期的成本和收益,从而导致教育选择的偏误。虽然东西部协作下"组团式"教育帮扶所组建的帮扶团队是一个学习共同体、情感共同体、价值共同体,但若不能在包容、协商、担当的基础上积极合作,仍然可能面临输血与造血、眼下与长远、帮扶教育与教育帮扶等关系处理的困境。如何在凝练实践经验的基础上,从理论上分析其运行的核心要素、逻辑机理、本土建构和未来图景,对发挥西部地区的教育扶贫功能、助推西部地区的乡村振兴具有重要意义。

一、传统教育帮扶的特点与弊端

习近平总书记在《摆脱贫困》一书中提到:"越穷的地方越难办教育,但越穷的地方越需要办教育,越不办教育就越穷"。可见教育对于摆脱贫困的重要意义。但已有研究发现,越是贫困的家庭反而越不愿意自己的孩子接受教育,这是贫困代际传递的重要原因。这说明，教育扶贫是提升人口整体素质，使人全面发展，从而彻底战胜贫困的主要途径。

中华人民共和国成立以来，我国的教育扶贫经历了重点保障贫困群体受教育权的普惠型资助式教育扶贫阶段，大力提升贫困地区教育扶贫质量的专项式、共享式教育扶贫阶段，全面促进贫困群体内生发展能力的精准式多元化教育扶贫阶段。这里所指的传统教育帮扶模式，主要是指前两个教育扶贫阶段的帮扶模式，即2013年"精准扶贫"之前的帮扶模式。这一模式跨越的时间长、变迁的内容多，虽然方式有所不同，但主要的内容不外乎几点：一是"请进来"和"送出去"。"请进来"是指邀请发达地区学校的优秀管理人员与一线教师到贫困地区培训、教研、支教或讲学等；"送出去"是指将贫困地区的教师送到发达地区学校去学习。二是通过国家专项资金来改善贫困地区的办学条件，大力开展基础设施建设。三是教研互动，即让东西部院校的教师加强教学上的交流，通过交流提升乡村教师的教研水平。四是通过政府、企业、社会组织及爱心人士对当地的贫困学生进行直接或间接的资金、物资以及心理层面的帮扶。

传统帮扶呈现以下特点：一是以"输血式的财政援助"为主。传统教育帮扶模式大多是依靠国家的财政补助及社会的捐赠资金来进行。这能够在一定程度上缓解西部地区的教育困境，但还是"治标不治本"，难以构建长效机制。二是以"笼统式的整体帮扶"为主。传统的教育帮扶，不管是对学前教育、义务教育、职业教育还是高等教育，还是对贫困地区的学生、教师或学校，都是以整体性的、笼统式的帮扶为主，帮扶的精准性不足。三是以"一刀切的帮扶方式"为主。传统的教育帮扶，难以做到与帮扶地的实际需求相结合，帮扶方式的个性化、差异化不够。

可以说，传统的教育帮扶模式是一种"单打独斗"的帮扶模式。"单打独斗"的本意是独自一个人做事，此处取其象征意义，即形容教育帮扶的主体、内容、方式和成效比较单一。其具体表现在：一是帮扶主体单一。帮扶质量易受帮扶主体、客体、介体和环体四个因素的影响，其中帮扶主体是关键。真正意义上的教育帮扶是需要社会各界共同参与的，通过吸纳社会力量才能更有效地实现教育公平。正因为如此，有人认为，解决教育扶贫问题的核心是对基础薄弱的贫困地区分配更高层、更丰富的帮扶主体。传统的教育帮扶主体通常以政府为主，市场、社会与公民的参与较少，参与的积极性也不高。二是帮扶内容单一。传统帮扶内容以捐钱捐物为主，没有因地制宜的帮扶方案和深入的帮扶内容，难以从根本上解决西部地区教育薄弱问题。三是帮扶形式单一。传统教育帮扶形式除捐钱捐物之外，还有"送教下乡"。目前，"送教下乡"仍然停留在传授教学技能层面上，在培育带不走的高水平教师队伍方面还举步维艰，所以帮扶效果不理想。站在这个角度，无论是为了提升西部地区群众的长期学习能力，还是提高西部地区整体的科学技术水平，都应当从传统的教育帮扶形式之外寻求新的帮扶形式。四是帮扶效果单一。虽然传统的教育帮扶对提高受扶地教育水平、促进受扶地教育发展有帮助，但其所采取的以"输血式"为主的帮扶举措，让帮扶效果不甚理想，难以形成长效机制。

二、东西部协作背景下教育帮扶的模式转向

"组团式"教育帮扶改变了过去分散的、单打独斗式的帮扶模式，通过建立东部对西部的管理输入、培训指导、教师支教等方式，先集中力量在每个县建设一批示范性的小学、初中或高中，再带动与辐射县城的其他学校，进而全面提升受扶地的教育教学水平。

（一）理念转向：从单独、协作到合作

"组团式"教育帮扶无疑是一种相对科学的制度设计，主要原因在于其首先能有效解决帮扶理念的转向问题，使其从过去单独的帮扶理念转向协作甚至合作的帮扶理念。曾有人指出，我国教育帮扶存在的大多数问题是思想观念、制度建设和帮扶理念方面的问题。一些人认为，教育帮扶就是简单的"结对子"，是"点对点""单对单"的帮扶。这样的帮扶理念有一定的弊端。"组团式"教育帮扶正是将这种"单打独斗"的帮扶转换为协作甚至合作理念的帮扶模式。协作与合作皆有两人或多人相互配合共同完成某一项任务之意，但在人类社会的治理模式中，它们却是两种不同的治理形态，协作是合作的初级形态与工具理性阶段，主要强调任务的完成而不是共赢的格局。正因为如此，作为一种政府指令性的帮扶手段，东西部协作背景下的"组团式"帮扶首先让教育帮扶理念从"单独"走向了"协作"，因为"组团式"教育帮扶是与"十三五"时期的脱贫攻坚战一同成长的。这一时期的"组团式"教育帮扶，是以利益追求特别是受扶地的教育

水平提升为目的,其构建的帮扶关系受两地帮扶协议制约,是需要帮扶两地的部门、团队和人员共同来完成的,所以这一时期的帮扶又被称为"东西部教育扶贫协作"。但随着教育帮扶的逐渐深入,尤其是"十四五"时期将以"两保持三加强"(保持东部对西部资金与人才的投入力度,加强东西部间的劳务协作、产业协作与消费协作)的原则来推进东西部协作。"十三五"时期以"协作"为主要理念的教育帮扶模式,虽然能完成协作任务,但不一定会带来互惠共赢的局面。事实上,整个"十三五"时期的"组团式"教育帮扶,都是以东部向西部的资源输出为主,难以形成互惠共赢的格局,故而在东西部扶贫协作"组织领导、人才支援、资金支持、产业合作、劳务协作、携手奔小康行动"六大考核要素中,教育帮扶的考核内含于人才支援指标中,所以"十四五"期间要转向以"合作"为主题要义的帮扶关系。合作意味着,"十四五"时期的"组团式"教育帮扶既应注重关系也应注重实质,既要照顾过程又要考虑结果,以实现帮扶双方的共生共赢、互惠互利为目的,是一种更高形态的"差异互补机制"。

(二)主体转向:从一元、多元到全员

"组团式"教育帮扶实施以来,帮扶的主体也从一元转变到多元再到全员。随着"组团式"教育帮扶的发展,帮扶的主体在不断扩大。其具体表现在:一是"组团式"教育帮扶的"团"一般是由三人以上组成。这超越了传统以"一人支教"为主的帮扶弊端,让帮扶主体的数量从一元到多元演进。二是从主体功能来看,"组团式"教育帮扶的主体,既有教学管理人员,也有教学培训人员,还有支教教师队伍。所以,其主体功能从原来单向的支教功能转向了集管理、培训、支教等于一体的复合功能。三是从主体类型来看,传统的帮扶主要由政府主导,通过政策的倾斜来改善贫困地区的教育问题,扶贫资源也由政府进行统一分配。当然,政府主导的教育帮扶,一定程度上也可以实现教育扶贫的"跨越式"发展。不过,效率低下的弊端也比较明显,难以支撑初始成效的可持续发展。"组团式"教育帮扶则打破了这一藩篱,逐渐引入了市场与社会的因素,由此构成了政府、市场、社会共同帮扶的"大格局"。这与2015年10月16日习近平总书记在减贫与发展高层论坛上提出的"大扶贫体系"相吻合。事实上,从学校的层面出发,"组团式"教育帮扶是由管理人员、培训人员、支教人员共同组成的一个教育帮扶团队。这一帮扶形式首先丰富了帮扶人员的构成,因为其组成的团队成员中,既有体制内的学

校领导及教师,也有市场化帮扶理念的教育行政人员,还有社会组织身份的工作人员。站在这一角度,"组团式"教育帮扶的主体类型,实现了从政府为主向政府、市场与社会共同协作的转变。可见,东西部协作背景下"组团式"教育帮扶的主体,包含了丰富的实践样态,既可以指组团主体的多元化,也可以指不同学校的跨地域帮扶,还有政府、高校、市场、民间社会力量所组成的团队。这种不同主体共同参与、多方协同、多元共治的帮扶机制,适应了我国教育治理体系和治理能力现代化的必然要求。

(三)内容转向:从支教、培训到管理

有学者通过梳理文献发现,教育扶贫的典型模式有 5 种,分别是"证书式""订单式""联动式""服务式"以及"互联网+"教育帮扶模式,其中运用最多的就是"订单式"教育帮扶模式。尽管如此,哪怕是以 3 年为一个"轮回"的"组团式"教育人才援藏模式,与前述五种模式相似,都呈现出单向度、僵化、计划经济、高成本、低效益等特征。其主要原因在于,这些模式帮扶的内容往往比较单一,都以支教或培训为主。而"组团式"教育帮扶是以"六结合三能力"为特征,通过优秀支教团队的精神引领和文化植入,能够实现"制度建设、学生培养、资金帮扶、人才支持"的协同发展,以及"机制创新、管理移植、观念传播、利益共享"的协作目的,能够充分体现东西部协作背景下教育帮扶的本质要义。由此,"组团式"教育帮扶的内容,从以往只是简单的支教转向了支教与培训结合,再转向支教、培训与管理的深度融合。

(四)目标转向:从扶智、扶志到志智双扶

贫困问题的核心在于:一是贫困群体自身没有改变意愿,因缺乏行动预期、行动能力而不想、不能通过行动来改变贫困生活的处境;二是贫困群体本身因政府政策、社会环境、资源状况、社会支持等原因,虽然努力但无法采取改善、提升自身生活质量的行动。所以,反贫困的核心是要解决政策、资源、机会问题,以及贫困群体的行动意愿、行动预期、行动能力、行动机制问题。扶志主要是扶思想、扶信心、扶意愿,扶智主要是扶思路、扶知识、扶技能,前者关涉个体心理即脱贫意愿,后者关涉个体能力即脱贫行动,二者共同解决的是贫困群体的脱贫意愿、脱贫预期和脱贫能力问题,且这些问题除与个体因素有关之外,还与家庭情况、教育支持有关。因此,如果说"组团式"教育

帮扶的首要目标是"扶智"，即通过强化管理、转变思维、增强技能、开展培训、进行支教等来增强学生的发展能力、拓宽学生的眼界思路、丰富学生的知识阅历、提高学生的升学比例，那么随着教育帮扶的深入，尤其是 2018 年 11 月 17 日国务院扶贫开发领导小组办公室等 13 个部门联合发布《关于开展扶贫扶志行动的意见》后，"组团式"教育帮扶自然而然带有"扶志"的功能。"扶志"可以使一个人具有现代性。一个具备了现代素质或现代性的人应该具有一整套能够在现代社会中比较顺利地顺应生活的价值观、生活态度和社会行为模式，进而能从根本上阻断贫困的代际传递。而到了今天，"组团式"教育帮扶则转向了典型的"志智双扶"，既帮助贫困学生树立志气、增强信心、更新观念、转变思想，也增加了贫困学生的智慧、知识与技能。这能够让贫困学生以更加积极、开放、包容的心态接受新生事物、增加社会流动、摆脱土地束缚，进而获得丰富的社会阅历，降低行为保守性和心理封闭性，增强自我依赖和自我效能感。

（五）结果转向：从输血、造血到献血

传统的教育帮扶模式以捐钱捐物为主，仅仅实现了"输血"的功能，会使贫困人口产生"等靠要"的不良思想。后来的帮扶模式以单向度的支教、培训等为主，带有一定的"造血"功能。但由于单纯的支教和培训并不能打造一支带不走的高水平教师队伍，故而"输血"功能并不强大。这可以从"组团式"教育人才援藏支教行动中看出端倪。虽然这一帮扶模式对实现西藏教育的"跨越式"发展、增进西藏各族的"五个认同"、增强中华民族共同体意识有促进作用，但仍然存在帮扶双方理念融合不够、援助资源使用效率低下、学生高层次需求得不到满足、造血功能并未真正建立等问题。东西部协作背景下的"组团式"教育帮扶是从多个方位来对贫困地区进行帮扶，是嵌入示范校并带动全县乃至全州、全省（区）教育发展的帮扶。这样的帮扶一旦形成较好的成效，被帮扶的主体就能够产生"造血"的功能。这样的"造血"功能不仅可以维持受扶学校与地区教育水平的高质量运转，真正阻断贫困的代际传递，还能让受扶对象积累到一定程度时具有"献血"能力。当受扶主体通过教育摆脱贫困后就能够将自身的成功经验进行复制、推广，甚至有多余的力量来"献血"，帮扶其他需要帮扶的地区，使其他被帮扶主体也产生自我"造血"的功能，进而建立巩固脱贫攻坚成果的长效机制。之所以有这样的效果，是因为"组团式"教育帮扶解决的是导致贫困发生的关键问题，提升的是贫困人口的可行能力。

值得关注的是,"组团式"教育帮扶所实现的模式转向,是逐次进行的,即先实现第一个阶段到第二阶段的转向,再实现第二个阶段向第三个阶段的转向。不同的是,有的模式转向在"十三五"东西部扶贫协作的背景下已全部完成,如帮扶内容从支教、培训到管理,帮扶目标从扶智、扶志到志智双扶,帮扶主体从一元、多元到全员,但有的转向则需要在"十四五"东西部协作阶段才能全面实现,如帮扶理念从协作到合作、帮扶结果从造血到献血的转向。尽管如此,作为一种理论建构,"组团式"教育帮扶模式的五个转向,仍然有深刻的价值意义。

三、"组团式"教育帮扶的运行逻辑

脱贫攻坚战已经结束,但如何巩固脱贫攻坚成果,如何实现脱贫攻坚同乡村振兴的有效衔接,如何全面推进乡村振兴,教育帮扶的作用仍不可小觑。在乡村振兴阶段,东西部协作的任务、目标、内容和举措都发生了变化,"组团式"教育帮扶的环境也已悄然转移,承担的任务也更加艰巨。为此,"组团式"教育帮扶所体现的运行逻辑及其价值意蕴对教育帮扶的本土建构意义,具有重要的作用。

(一)思想建构:发挥"好组织+好党员"的引领模式

为实现"组团式"教育帮扶的本土建构,首先应从思想上入手,发挥好组织和好党员的引领作用。好组织的意思是实施"组团式"教育帮扶的顶层设计与机构设置比较合理,能够有力保障帮扶方案的实施。"组团式"教育帮扶关涉人员调配、监督控制、服务保障等诸多环节,只有发挥各级党组织的领导协调作用,建立帮扶双方定期会晤的协商机制,增强党组织的监督保障职能,发挥党员干部的先锋模范作用与战斗堡垒功能,才能取得好的成效。因此,要想做好"组团式"教育帮扶,仅有一个好的组织体系还不够,还需要有优秀的人来带领,这时候,帮扶人员中的党员干部便发挥了示范带头作用。"好组织+好党员"的引领模式可以充分发挥帮扶团队的战斗力、凝聚力与辐射力,大大提升帮扶的成效。

（二）逻辑建构：构建"好机制+好团队"的思维模式

从顶层设计来看，在帮扶过程中，由于双方学校工作安排的需要和人事管理权限的制约，真正意义上的互派实职参与学校管理的帮扶比较欠缺。挂职干部因身份比较尴尬，在学校管理中不能真正发挥主导学校改革弊制的作用，难以对受扶学校产生实质影响，因而有时会出现帮扶中的"权力空转""流于形式"等困境，进而削弱帮扶成效。被中国共产党中央委员会宣传部评为"时代楷模"的陈立群校长及其团队，以任职校长及学校核心领导职位的方式帮扶贵州台江民族中学，探索了"任职帮扶"的成功模式，建立了一套"组团式"教育帮扶的多元化激励体系。以"集团化"办学著称的广州大学附属中学，采取"1+X"的帮扶方式，实现了贵州独山三中的跨越式发展。这些都是"组团式"教育帮扶机制创新的有益尝试，值得进一步优化后在全国推广。

当然，帮什么、怎么帮是教育帮扶最为关键的问题，而团队的组建形式不仅决定了帮什么，还关系到怎么帮。在实际运行中，部分"组团式"帮扶中的团队成员要么来自同一个区，要么来自同一所学校，团队成员的多元化、异质性不明显。同时，团队成员往往是以体育、音乐、美术、生物等非主体学科教师为主，且每个学校只有2~3名帮扶教师，与每个年级8~10门课的要求相去甚远，难以实现各学科的均衡发展。因此，组建一支由"好校长、好老师、好培训专家"组成的优秀帮扶团队，实现精准、无缝、按需帮扶，则尤为关键。广州市在"组团式"教育帮扶过程中建立的"按需选派"帮扶团队和"能进能出"考核机制，无疑为选派优秀的教师团队提供了重要保障。由此，要从逻辑上来建构"组团式"教育帮扶，"好机制+好团队"的思维模式是必不可少的。

（三）行动建构：打造"好教师+好学生"的双赢模式

要想增强"组团式"教育帮扶的成效，应更多思考如何培养一支带不走的管理队伍与教师队伍，如何利用东西部协作资源将外地的优秀教师与管理人员"请进来"，将本土的骨干教师与管理队伍"派出去"。打造一支带不走的好教师队伍，是"组团式"教育帮扶的主要逻辑。

"组团式"教育帮扶在培养出一批好教师的同时，也应培养出一批优秀的学生。通过帮扶激发一种蓬勃向上的斗志精神，培育贫困学生的志气、志向和志趣，是"组团式"帮扶的使命所在。

（四）技术建构：搭建"好平台+好资源"的共享模式

利用信息技术促进教育变革的观点由来已久，这可用世界各国近年来开展的教育教学改革实践来佐证。技术促进的教育变迁，可从课堂教学变革、学习环境变化、学习方式创新、教育资源共享、教育平台发展等角度来理解。众所周知，任何地区的优质教育资源都是有限的，对东部帮扶方而言，"十三五"期间的帮扶任务都比较繁重，如广州市以一城之力对口帮扶（支援）6个省的8个地区，帮扶需要投入的人力、物力、财力可想而知。再加上自身的学生数量比较庞大，优质师资资源也不一定能有效满足教学需求，因此不可能对帮扶地区每一所学校都进行深度帮扶。对受扶方而言，接受帮扶和外出学习的机会毕竟有限，因而急需引入数字化平台和资源，扩大帮扶的辐射面。"组团式"教育帮扶的技术建构，就是通过"好资源+好平台"的孵化，从而改变受扶群体的认知方式与学习手段、参与群体的参与方式与参与关系、帮扶双方的帮扶环境与帮扶机会，进而达成高品质的帮扶效果。

四、"组团式"教育帮扶的未来面向

教育帮扶是我国扶贫工作中的重要组成部分，能够有效遏制因短暂的"输血式"帮扶而造成的返贫现象，然后再通过"造血式"的帮扶实现稳固脱贫。但从目前"组团式"帮扶在西部各省的实施看来，仍然存在一些问题。

一是帮扶对象待调整。现有的帮扶模式一般是"强强联合"，即组团帮扶每个贫困县最好的一所学校。"强强联合"虽然有利于优化教学资源配置，容易出成果，但长此以往，必将进一步拉大受扶地各学校之间的差距。这与国家要实现教育优质资源均衡发展的目标有差距。

二是帮扶周期待改进。大多数教师的帮扶时间是 6~12 个月，帮扶周期相对较短。对于帮扶教师来说，来到一个陌生的环境不仅需要一段时间来调整，使自己适应当地的风俗习惯、气候环境等，同时还需要一些时间来系统了解和诊断受扶学校存在的问题。如果帮扶周期太短，对于学生来说，刚刚适应一位教师的教学风格，教师就要调走，这不利于学生学习；对于教师而言，也许刚刚适应受扶地的环境就要回到原单位，真正能够实施帮扶的时间不多,这也不利于提高帮扶成效。

三是帮扶经验交流不够。受扶省内之间、市(州)内之间甚至县与县、学校与学校之间交流的机会不多,当地教育局也鲜有组织经验交流、课堂观摩、集体讨论等交流平台,帮扶经验难以有效传播,示范带动作用不明显。

四是受扶理念待转变。东西部协作强调帮扶双方相互协作、相互协商、共同发展。作为受扶方,其干部思维观念对帮扶成效起着关键作用。部分受扶教育部门和学校领导干部对"对口帮扶"认识不够深入,思维转变不够彻底,不敢大胆放手、放权让帮扶干部在当地开展教学改革和尝试,担心打乱和破坏其原有的教学秩序,也担心帮扶干部离开后已进行的改革难以持续和深入。因此,面对帮扶资源,部分学校缺乏长远规划,对自身的需求认识不清,不能有效利用帮扶资源来开展教育教学改革。

要解决上述问题,一方面应从帮扶团队、帮扶对象、帮扶周期、帮扶效应方面优化已有的帮扶模式。例如,进一步扩大"团"的规模与范围、丰富"团"的成员与形式,选派教学管理人员到受扶地任职而非挂职;动员一批经验丰富、身体好的退休教师组成"教育帮扶专家团"对受扶地的教师进行短期培训;进一步科学化制定帮扶周期,使其形成三年的闭环,加大帮扶的师资数量与质量,增加帮扶的时间,丰富帮扶的形式;进一步转变受扶理念,制定帮扶规划,发挥帮扶优势,深度开展帮扶经验交流会、座谈会,促进不同县域之间相互学习,加强不同县域学校之间的交流与互动。

另一方面,应站在更高的层面,关注"组团式"教育帮扶的协同治理问题。为何未来的"组团式"教育帮扶需要协同治理而不是协作治理、合作治理?因为,这三者虽然都强调治理主体的多元性、治理目标的整合性与公共权力的分散性,但与协同治理相比,协作治理更倾向于多元主体的权力共享与资源共用,强调多元主体而非内容、方法技术的协作,强调任务的完成而不是双赢的实现。以信任为前提的合作治理,强调打破政府为中心的政策体制,强化多元主体的平等参与、互惠共赢。而协同治理是物理学家赫尔曼·哈肯于1971年提出来的,与多中心治理、网络治理、整体治理等有很大的关系,几经发展已经形成一种整合多种治理理论的新思想。与协作治理、合作治理相比,协同治理中的"协同"的内涵更加丰富,既可以是主体的协同、内容的协同,也可以是方法、手段与技术的协同;既可以是去中心化的协同,也可以是以政府为中心的协同;既强调共同任务的完成,也关注共赢目标的实现,是以相互配合、协作行动、共聚力量、共享成果的方式达成整体功能大于各部分功能之和。协同治理与"组团式"教育帮扶是高度契合的，因为二者都需要多元的主体、共同的愿景、动态的过程与明确的目标。由于具有公共产品供给与区域协调发展的属性，"组团式"教育帮扶的主体不能去中心化，还应该以政府主导或政府引导为主，所以不适合合作治理。具体来说，"组团式"教育帮扶的多元参与主体之间、多环节帮扶过程之间、多层次帮扶内容之间、多种类帮扶技术之间、多维度帮扶结构之间等，都需要协同配合，发挥整体效应，这样才能从根本上解决现有模式优化后的长效机制问题。目前，"组团式"教育帮扶协同治理的顶层设计、机制建设、文化供给、具体内容、保障体系已基本具备，但需要进一步深化与发展。

站在这个角度，东西部协作下的"组团式"教育帮扶，虽然是一种协作关系，但其根本目的还是促进不同区域之间的教育协同均衡发展。回首过去，在协作关系形成的初期阶段，"组团式"教育帮扶是以东部对西部的单向度帮扶为主。面向未来，在协同关系即将成熟的乡村振兴阶段，在东西部"消费协作、劳务协作、产业协作"的强化下，要进一步助推帮扶两地提升教育治理能力、实现教育治理体系的现代化，东西部教育协同也必将成为题中之义。因此，从协同治理的角度来展望"组团式"教育帮扶的未来面向，具有重要的价值。

第一，协作理念应从"打造一批带不走的教师队伍"迈向"打造一批带不走的优质学校"，厚植学校内生自主发展潜力，让贫困地区真正长期受益。第二，考虑到国家扶贫战略工作重点地区具有跨省区或跨省市和多为民族地区的特点，应从宏观上由国家层面来统筹，建立跨省区或跨省市间的教育协同机制。第三，考虑到东西部教育扶贫协作对提升民族地区学生智力、心理、语言、思维和文化水平具有重要的意义，应从以神经认知、心理认知、语言认知、思维认知和文化认知为核心要义的人类认知五层级理论出发，建构东部对西部的五层级教育帮扶体系，实现帮扶对象五层级认知的协同转变。第四，应通过完善顶层设计、政策体系、监督机制和考核方式，实现教育帮扶理念、帮扶目标、帮扶内容和帮扶手段协同发展。第五，应构建基于区块链技术的教育帮扶大数据协同平台，提高帮扶的效率和效果，增强帮扶的精准性、针对性和公平性，提升帮扶管理的透明化、精细化和科学化。

党的十八大以来，以习近平同志为核心的党中央实施精准扶贫、精准脱贫，加大扶贫投入，创新扶贫方式，扶贫开发工作呈现新局面，脱贫攻坚战取得了决定性胜利。与此同时，西部地区区位优势相对薄弱、经济社会文化发展滞后、生态环境脆弱、自我发展能力不强等问题凸显，这使得巩固脱贫攻坚成果变得极为艰难，也使乡村振兴短板更加突出。在此背景下，东西部协作背景下的"组团式"教育帮扶成为了加速西部地区发展、缩小与东部地区差距的重要战略。"十四五"期间，东西部协作的重点从脱贫攻坚转向乡村振兴，最新的政策导向强调"两保持三加强"。因此，从长远来看，东西部协作背景下的"组团式"教育帮扶一方面为推动国家教育治理能力与治理体系现代化、深化教育区域合作、推进东西部教育协作提供了途径；另一方面，为更多贫困家庭子女直接受益、为更多东部学校的治理方式植入西部、为受扶地教育行政部门留下可供借鉴的教育善治案例提供了样本。

第二节　东西部高职教育合作发展模型研究

"职业教育与区域发展"是我国职业教育当前面临的重大课题，产业结构与教育体制的创新融合，是推动区域经济与教育综合竞争力向高梯度发展的强大动力。自2006年"国家示范性高等职业院校建设计划"实施以来，全国各省市职业院校实现了跨越式发展，尤其是经济发达的东部地区，产业与职业教育的深度融合大大提升了职业教育的质量，在办学过程中积累了大量的教学资源，因此如何发挥跨区域示范性职业院校的引领和辐射功能，带动西部职业教育更快更好地发展，培养更符合西部产业快速发展需求的技能型人才，是摆在我们面前的一项重大任务。

当前，东西部职业教育资源配置存在较大的差异性，教育机会的不平衡以及由此导致的企业人才需求规格与教育对接问题已经成为制约西部经济发展的重要因素之一，而职业教育跨区域的合作在一定程度上为解决职业教育机会不平衡问题以及更好地发挥各地教学资源效益提出了很好的研究和实践课题。其意义在于，通过跨区域合作，可以实现东西部职业教育优势互补和资源共享，更好地发挥教育资源的效益，实现合作各方共赢。校企合作、跨区域校校合作、学校与行业合作、学校与社区合作等是目前职业院校办学过程中的重要任务,不同地域和不同专业类别的学校,都会在合作过程中创新出各具特色的合作模式。本节在分析职业院校发展中相关要素的基础上,通过建立一套系统化的合作资源共享平台,让合作各方都可以通过这个平台实现信息互动、资源共享,以提高合作的质量和效能,提高各方优势资源的效益,从而促进职业院校办学模式的创新和发展。

一、职业教育跨区域合作模型的要素分析

东西部职业教育合作发展,必须重点分析以下影响要素:

(一)合作人才培养要重视地方产业对人才规格的需求

职业院校在人才培养的过程中,要在办学上坚持为区域产业发展服务,强调地方性的特点。因此,职业院校在办学过程中的首要任务就是要研究本地域的产业特色,要不断跟踪和分析所在地域产业发展的动态,以保证专业建设规划和人才培养定位的科学化和针对性。这主要反映在两个方面:一是区域经济发展对高技能型人才的需求要求职业教育的发展和办学模式必须进行改革,因为不同地区的产业性质、布局结构、发展重点以及支柱产业都会有所差异;二是区域产业发展往往会先于本地行业的发展,职业院校必须超越现有行业的局限性,以区域性的产业发展为导向,实现自身的快速发展。

因此,跨区域合作模型的构建不能脱离地域产业对本地职业教育的影响,而应该将产业政策作为各方合作的重要依据和前提。东西部职业院校在共同制定人才培养方案的过程中,要优选符合西部产业发展方向的合作专业,提升西部职业院校该专业教学的整体水平,培养产业急需的合格人才,从而更好地实现职业教育为区域产业发展服务的宗旨。

(二)合作领域要尊重行业对本地职业教育的要求

职业院校融入地方行业是办学的重要举措:一是在运行机制、管理模式上要加强与行业的融合,积极引导行业支持、参与学校专业建设等工作;二是在人才培养的过程中,

注重行业发展的要求，如行业对产品的设计要求、生产流程和相关行业标准等。而且在经济全球化过程中，职业院校不仅要重视国内行业标准的更新，还要关注国际行业标准的发展动向。

东西部职业院校应正确把握本地行业以及国内外行业发展动态，及时调整学校与行业合作机制，为实现跨区域的合作奠定基础。因此，双方的合作领域要尊重本地行业发展政策、尊重行业对本地区职业教育的要求，从而能够更好地得到本地区行业对职业教育的支持。

（三）校企合作模式的拓展与创新

企业和学校通过多种模式将多种资源融入职业教育，强化校企合作，培养企业所需人才，大大提高了职业院校的人才培养质量。美国的"合作教育"、德国的"双元制"、日本的"产学合作"等，都是比较典型的各具特色的校企合作模式，而在我国校企合作制度尚不完善的环境下，职业院校要大胆创新合作机制，增强整合企业资源的能力，积极吸引企业参与职业教育，主动将企业要求反映在教学过程中。如按照企业的要求实施"订单培养"，在企业建立教学实训基地，吸引企业进校建设生产性实训基地，为企业提供研发与培训服务，打破传统的大学校园建设形态，引入企业工作环境和企业文化等。

因此，要实现跨区域合作的效益，提高毕业生的就业质量，拓展就业渠道，可以按照"职教集团"合作模式，将双方的合作企业都纳入合作资源，吸收和借鉴不同区域校企合作的经验和模式，开拓跨区域校企合作领域，推动西部院校校企合作的创新发展。

（四）合作院校办学理念的融合

受地域、产业以及教育资源的影响，各地职业院校形成了独特的办学理念。随着国家职业教育政策的变化，职业院校的办学理念也在调整和变化，"以服务为宗旨、以就业为导向"成为职业教育的办学方针；"工学结合"等成为职业院校人才培养模式的普遍选择。职业院校的办学理念处处体现了职业教育的特征和属性，普遍将"培养生产、服务与管理第一线的高素质技能型专门人才"作为职业院校人才培养的任务和目标。

因此，跨区域校校合作，既要尊重各方的办学理念和学校文化，又要从对方的办学特色和文化中虚心借鉴和学习，在学院内涵和文化方面为双方的合作创造良好的软环境。

二、职业院校跨区域合作模型的可量化因素分析

职业院校跨区域合作的一个重要目的就是发挥各方资源的最大效益,让这些资源为各方发挥更好的作用。由于各方合作可量化要素非常多,而且是动态变化的,这里仅列出部分重要指标。

(一)师资队伍

师资队伍包括兼职教师队伍,是人才培养方案实施的主体,也是各方合作实施人才共育最直接的执行者。因此,各方必须制定政策和措施,着力打造一支由合作各方构成的专业师资队伍,以保证各方在合作过程中人才培养方案和教学计划的顺利实施。

(二)校内外实训基地

合作院校按照合作专业、合作课程等合作领域,构建配套的校内外实训基地,发挥各方实训基地的优势资源,为师生提供一个良好的教学和实习环境。特别是东部发达地区要有一种开放和服务的态度,甚至可以建设专用的实训基地,为西部欠发达地区的职业院校,提供力所能及的帮助。

(三)专业与课程资源

各职业院校的专业和课程资源都是在多年的教学实践中积累下来的宝贵财富。东部发达地区的优秀职业院校,具备较多的优质课程资源,如品牌专业、精品课程以及特色资源库等,这些都是西部职业院校专业和课程建设非常需要的优质资源。所以,双方应该本着精诚协作的精神,共同建设共享资源平台,为各方的教学服务。

(四)毕业生就业市场

东部发达地区的职业院校由于具有高速发展的产业支持,学生的就业率和就业质量都比较高。东部职业院校可以考虑每年接收西部职业院校一定数量的学生,对其进行一年到两年的紧缺专业的学习,并安排部分学生自愿在本地就业,这一方面增加了东部职

业院校部分生源问题,也为西部职业院校解决部分教育成本和扩大学生就业渠道问题。

三、职业院校跨区域合作机制与模式分析

构建东西部职业院校跨区域合作机制和模式必须因地制宜,按照科学规律办事。合作双方要从学院发展的战略高度规划和设计合作模式,要从保障制度、人员配置等方面支持和推进双方的合作。笔者在这里推荐和分析以下几种合作模式:

(一)跨区域建立"职教集团"

跨区域建立"职教集团"是一种将合作院校、企业、行业等纳入统一设计的一种新型管理体制,是一种优势互补、取长补短并能充分发挥资源效益的一种教育管理和运行模式。将西部职业院校纳入这样一个大的合作发展平台,无疑将有力地带动西部职业院校办学质量的提高。"职教集团"的资源效益为西部地区经济发展培养大批合格的技能型人才奠定了广泛的基础。

(二)"2+1"模式

"2+1"模式,即西部职业院校的学生在本地学习 2 年,最后 1 年到东部职业院校进行针对性学习和实习。该模式主要是利用东部职业院校完备的师资队伍、完善的实训实习条件和广阔的就业市场等资源,提升西部职业院校的就业质量。

(三)"局部合作"模式

"局部合作"模式可以是东西部合作院校的一个或几个院系和部门首先开展合作,用东部职业院校的热门专业和优势专业带动西部职业院校对应专业的建设和发展,特别是在品牌专业、精品课程、课程资源以及合作招生等领域,深化合作内涵,充分发挥东部优秀职业院校的示范与引领作用。

（四）"项目合作"模式

"项目合作"模式是一种基于某个或某几个项目的合作模式，往往是东西部合作院校合作之初的一种渐进式的合作方式。这些合作项目可以是课程建设、师资队伍建设、重大研究课题以及学生规模化顶岗实习等领域。通过这种局部的合作，总结合作经验，并探索合作领域和深化合作机制等问题，为今后东西部院校长久和高效合作奠定良好的基础。

四、职业院校跨区域合作模型的信息化实现

职业教育的区域合作由于受到地域等客观条件的制约，难免会影响合作各方开展工作的实效。同时，为了便于采集、存储和管理各方合作建设的大量信息，并实现信息的开放和共享，构建一套网络化、信息化的合作平台是非常必要的。该平台既是各方信息沟通的互动平台，又是各方开展和协调工作的业务平台。

该平台硬件和软件的构成主要包括计算机网络系统和数据库系统，可以作为原有校园信息化系统的一个子平台，便于学院内部信息资源的采集和共享。该平台的建立旨在打破合作各方地域的局限性，实现在线实时业务交互，为合作方持续有效地开展工作提供保障。

该平台作为工作和信息服务平台应该具备信息服务空间、协作领域空间、资源共享空间、工作业务互动空间以及各方办学的特色资源等模块。随着多方的深入合作，该平台将逐步融合包含行业企业在内的大量资源信息，并形成知识库和决策库，从而为提高合作质量和效益奠定基础。

该平台从功能上大致可以分成以下六大功能模块：

第一，系统管理模块。该模块主要包括系统维护、参数设置、模型定义以及权限管理等功能，是为合作各方的系统管理员提供的一个软件平台。该模块是决定整个信息化应用系统能否正常运行的关键。

第二，资源库管理模块。这是该平台的核心模块。平台的资源库包含了学校办学过程中的专业建设资源、课程建设资源、校企合作资源、就业市场资源以及科研与项目等

大量核心信息资源，这些资源对推进合作各方深化务实合作具有重要作用。东部发达地区的职业院校必须对所支持的西部职业院校开放这些资源，充分发挥这些资源的效益，推动西部职业院校在各方面更快更好地建设和发展，真正发挥东部职业院校的示范和服务作用。

第三，工作业务模块。该模块为合作各方的工作团队提供了一个仿真的在线工作室。各方工作人员可以通过这个平台，模拟一起处理业务的工作场景，从而实现办公业务的流程化和规范化管理，提高了合作各方开展合作业务的工作效率和质量。

第四，信息发布管理模块。这是一个对合作各方开放的信息窗口，合作各方都可以不定期地发布和更新有关办学、合作等信息，以便彼此了解一些合作项目等工作的动态信息。

第五，评估与分析模块。这是一个对合作效益、合作效率进行评估分析的模块。该模块根据合作过程中的项目进展情况进行定量和定性分析与评估，收集合作各方的反馈信息，使得合作双方可以及时调整工作重点，并解决合作过程中的问题。

第六，知识库和决策库管理模块。开展跨区域院校合作是一项重大系统工程，涉及的合作内容和模式也会随着合作方的差异有所不同和侧重，当然也不存在一套模式会适用所有合作院校。该模块对这些各具特色的合作模式进行分析、研究，并对大量合作内容、项目以及合作过程中的成果等信息进行数据提炼和挖掘，初步形成知识库和决策库，为提高合作效益和质量提供了科学的决策依据。

提出构建东西部职业教育合作发展模型的一个重要目的，就是要建立一个优势互补、资源共享、信息互动和有效运作与管理的架构模型，为东西部职业院校跨区域合作提供一套可观测、可操作、可量化的管理与互动平台。特别是西部教育资源欠发达的职业院校，应通过这种跨区域的合作，借鉴东部发达地区职业院校的办学经验，抓住机遇，制定灵活开放的政策，在合作制度和机制上锐意改革和创新，最大限度地利用东部发达地区职业院校的教学资源，以提高自身的整体办学质量。

参考文献

[1]汤敏.东西部协作蓝皮书：东西部协作发展报告（2023）[M].北京：社会科学文献出版社，2023.

[2]张治斌，杜刚，高立军.职业教育东西部帮扶现状与路径分析[J].中国科技纵横，2023（24）：160-162.

[3]余永佳，王馥.东西部教育帮扶路径探索与实践研究[J].知识经济，2023（33）：89-91.

[4]黄平平.高等职业教育价值认同研究[M].成都：四川大学出版社，2023.

[5]杨春平，黄苹.职业教育课程思政类型特色论[M].重庆：重庆大学出版社，2023.

[6]刘红.职业教育"人字梯型"教学模式[M].成都：西南交通大学出版社，2023.

[7]邢筱梅，戚健.高等职业教育公共基础课通用教材：职业素养[M].北京：北京理工大学出版社，2023.

[8]刘洪银，田翠杰.新时代中国现代职业教育[M].北京：中国财富出版社，2020.

[9]谢良才.区域现代职业教育发展问题研究[M].天津：天津社会科学院出版社，2020.

[10]采守宽.持续深化职业教育东西部协作服务技能型社会建设[J].中国民族教育，2022（2）：35-38.

[11]主洪国，汤旭，邹明春，等.乡村振兴战略下东西部协作校企双元育人模式的构建[J].热带农业工程，2022（3）：120-123.

[12]严权.职业教育探索与实践[M].武汉：中国地质大学出版社，2022.

[13]孙长远.我国职业教育治理的制度逻辑[M].济南：山东大学出版社，2022.

[14]张静.中国职业教育理论与实践探索[M].北京：中国经济出版社，2022.

[15]黄锋，李国军.职业教育培训的方法与模式研究[M].长春：北方妇女儿童出版社，

2022.

[16]崔岩.高等职业教育改革发展研究[M].北京：北京理工大学出版社，2022.

[17]邵锦秀.高等职业教育与教学改革研究[M].哈尔滨：北方文艺出版社，2022.

[18]郭纪斌.职业教育工匠精神的传承与创新[M].湘潭：湘潭大学出版社，2022.

[19]范敏.青少年职业体验与职业教育发展研究[M].北京：中国纺织出版社，2022.

[20]屈靖，冷红豆.职业教育理念下的思想政治教育建构[M].北京：经济日报出版社，2022.

[21]张琼宇.教育信息化与职业教育深度融合分析[M].长春：吉林出版集团股份有限公司，2022.

[22]杜方敏，陈慧.中国高等职业教育走出去的探索与实践[M].北京：经济日报出版社，2022.

[23]涂凯迪.高等职业教育管理理论与实践创新探索[M].长春：吉林人民出版社，2022.

[24]高奇.职业教育原理[M].北京：光明日报出版社，2021.

[25]程美，欧阳波仪.职业教育智慧教学[M].北京：北京理工大学出版社，2021.

[26]宁莹莹.现代职业教育理论与实践探索[M].长春：吉林人民出版社，2021.

[27]王成荣.职业教育贯通培养模式研究[M].北京：中国商务出版社，2021.

[28]于莉，王颖，孙长远.职业教育校企合作的理论与实践[M].长春：吉林人民出版社，2021.

[29]汤晓军.中国高等职业教育国际化研究[M].苏州：苏州大学出版社，2021.

[30]柴蓓蓓.信息时代下高等职业教育发展[M].长春：吉林出版集团股份有限公司，2021.

[31]吕红.中国职业教育国际化策略研究[M].重庆：重庆大学出版社，2021.

[32]沈怡玥.高等职业教育理论与发展新探索[M].北京：中国书籍出版社，2021.

[33]李明富.新时代职业教育学术文库：职业教育管理者的思考与实践[M].西安：西安交通大学出版社，2021.

[34]吕景泉.职业院校技能大赛：中国职业教育的制度创新[M].天津：天津人民出版社，2021.

[35]秦凤梅.职业教育产教融合质量评价探索[M].重庆：重庆大学出版社，2021.

[36]张铮,刘法虎,陈慧.新时代职业教育专业群开发研究与实践[M].武汉：华中科技大学出版社,2021.

[37]何谐.我国高等职业教育学位制度构建研究[M].重庆：重庆大学出版社,2021.

[38]黄春荣.职业教育扶贫研究与实践[M].北京：北京理工大学出版社,2020.

[39]李树陈.现代职业教育理论研究[M].长春：吉林人民出版社,2020.

[40]周建松.高等职业教育高质量发展研究[M].杭州：浙江大学出版社,2020.